同一性の謎

知ることと主体の闇

ピエール・ルジャンドル
橋本一径 訳

以文社

同一性の謎　目　次

応用編　45

挿画＝宇佐見圭司《ドゥローイング・大洪水No.3》（二〇〇九年、作家蔵）

装幀＝難波園子

同一性の謎

知ることと主体の闇

はじめに　意欲ある若者たちへ……

「そして時も過ぎて行く――やがて彼は前方に陰影線《シャドウ・ライン》を目にする。それは、ここで青春時代の領域もやはり後にしなければならないという警告の境界線なのである。」
――ジョウゼフ・コンラッド『シャドウ・ライン』〔田中勝彦訳、八月舎、二〇〇五年、九頁〕

今日ここで私が語りかけている若者たちと同じ年頃の時分、私はヒマラヤのように聳え立つ知の前で途方に暮れていた。そこで私は賭けに身を任せることにした。運命のルーレットが指し示したのは、「法学」という、いかにも謎めいたマス目だった。

こうして法学を学ぶことが私にとっての船出となった。やがて気づいたのは、西洋が生み出した産業文明の理解に立ち入るためには、法学こそが言わば王道だったということであった。偶然にも助けられて、ある日私の目にとまったのは、『法学提要』という、ヨーロッパ文化の歴史において非常に名高いローマ法の入門書の序文にある、ユスティニアヌス帝による次のような献辞だった。「法を意欲する若者たちへ（Juventuti cupidae legum）」。この友愛のこもった格言は私にとって忘れがたいものとなった。

私にとってのエンブレムとなったこの最初の数語を、ここでの考察の手がかりとすることで私が目指しているのは、知への意欲の名誉を回復することである。詰め込み教育がこの意欲を脅かしてきたのは、いつの時代も同じことだが、現代においては、このような詰め込みと対をなすもの、すなわち知識の流通という名目で成り上がった空疎さによっても、それは脅かされている。だから私はこう呼びかけるわけだ。意欲ある若者たちへ……。

だが知ろうと欲するとはどういうことなのだろうか？

将来の職業についての悩みに起因する、現実の方向決定の困難が、根本的な問いかけを覆い隠す幕となることがあってはならない。現代の研究活動が何の束縛も受けないものとなるまでには、長きに渡るためらいと疑いの伝統があったのだ。今日の知識人たちは、十八世紀の知識人とは異なり、自らの豊富な知識にもはや驚くことはない。この驚きのない現代においては、人間的な不安の反響が若者たちにまで届くことはなくなっている。しかし知という試練が創造的なポジション・チェンジ――生成途上の人間が、科学的な全能性という姿をした造化の神《デミウルゴス》の幻想とは手を切って、絶えず踏み出すべき新たな一歩――という価値を持つのは、この不安があるからこそなのだ。

　こうした方向で考察を進めるのであれば、モンテスキューを読みなおすにしくはない。特筆されるのは、『われわれを科学へと誘ういくつかの動機についての演説』のなかの、以下のような言葉である。「自らの存在の秀逸さがいや増し、知的存在が知的なものとなる際に感じる内面的な満足、それこそが第一である」。

　これこそまさしく私が最初に注意を向けておきたいものである。つまり全体化を目指す科学――いつでも全体主義の副産物をばらまきながら拡大するつもりの科学――の言いなりになれば質入れされてしまうような、知の探求における好奇心がそれだ。

　好奇心を生きることによって、私たち一人ひとりは、系譜的な歴史――文化的であると同時に家族的な歴史――へと連れ戻される。ここで言う歴史とは、社会学的な確認だけに収まりきるものではない。文明との関係を生きようとすれば、存在全体が動員されるのは、西洋でもどこでも同じことである。とはいえ欧米の伝統の息のかかるこの地には、他の地には見られない独特の特徴もいくつか存在する。この講演では、図式的になることを承知の上で、そうした特徴の明白かつ不明瞭な成り立ちをたどりなおすことに努めている。

　こうした視座に立って問いを投げかけるとすれば、超近代のプロパガンダに細心の注意を払うことが必要である。科学を偶像に、知識人を科学至上主義者に、そして大衆を、無自覚な原理主義に同意した操り人形にしてしまうようなプロパガンダである。現実を見れば一目瞭然なように、科学で蒙昧を作り上げ、科学に依拠しながら精神の退行を生じさせることもできるのである。このような諸悪を独占してきたのは、ヒトラー主義やスターリン主義だけではない。歴史からの教訓は、ここでもまた生かされていないことが証明されてしまっているのだ。

しかしどのような状況にあっても、適切な方法を用いて到達すべき理解の地平というのは存在するのである。今日の科学主義には先例がある。魔術師たちの予言がそれだ。ではゲーテの『ファウスト』以前に、彼らの言わば真の姿を描き出したのは誰だろうか。それは十三世紀から十四世紀にかけての、刑法学者の教説ではなく、『神曲』の詩人ダンテである。「地獄編」（第二十曲、十一～十五行）において彼は、魔術師たちに課せられた苦行のイメージ――「奇しくゆがみて、顔は背にむかい、彼ら前を望むあたはで、ただ後ろに行くあるのみ」――とともに、全能性の悲劇の何たるかを見極めてみせた。つまりそれは、理性を失うということなのだ。

人間の実存的欲望が、研究によって記述されるさまざまなプロセスのなかの操作因子になったり、技術によって成し遂げられる偉業のなかに解消されたりせぬよう食い止めているものこそ、大いなる知への野心である。こうした水準で考察するとすれば、文化の伝承の根底において、どの世代にとっても今日的かつ火急であるものの本質は、私がボルヘスから援用する——彼自身もシェークスピアに負っている——、定義しがたいものを述べた次のような表現のうちにこそある。「私というもの（The Thing I Am）」。

過ぎ去る時間の背後に保たれているもの、それはまさしくこの「もの」、自分でも自分を理解しがたい人間、主体のなかの定義しがたいもの、自分自身の未知なる秘密である。テクノサイエンス経済の世界的体制下で、「私というもの」はグローバル化のあずかり知らぬところにある。だとすれば人間社会の未来は閉ざされてはいない。なぜなら系譜的な世界は、種——ことばを持つ唯一の種、つまり世界の物質性を理解するために、それを言説によって上演する必要に迫られた種——の存続の条件として、否応なく動き続けているからである。

「向こう傷」は、パリのルイ・ル・グラン高校の準備学級の生徒たちに向けて二〇〇六年一〇月に行われた講演の原稿である。

「応用編」と題された部分では、手短に言及したいくつかの点について説明を付け加え、質疑応答のなかで触れられたテーマも改めて取り上げた。問いの射程を広げ、考察を深めることを目指した部分でもある。

「イコノグラフィ」という表題のもとには、「向こう傷」のテーマにつながる三つの図版を集めた。それらは社会（ここでは西洋社会）の同一性を守るための番人を任されたオブジェ＝イコンの証言である。

向こう傷

科学と無知について

若き学生たちに向けた講演

講演原稿

少しばかり格式ばるのもたまにはよいでしょう。若き紳士淑女のみなさん！　主に経済と商業を学んでいる、準備学級の生徒のみなさん。

みなさんは超近代文明の諸々の争点を生き抜くための準備をなさっているわけです。つまりテクノサイエンス経済の諸争点です。そのためにくぐり抜ける必要があるのが、諸々の知の試練です。

みなさんはこの試練に、フランス流のやり方で立ち向かうことになっています。国家機関のひとつが、毎年みなさんのクラスのために、文化一般についてのプログラムを作成しているのです。今年度については、二〇〇六年七月八日の『公報（*Journal Officiel*）』に発表された省令で、先生たちに向けて待望の通達が出されました。すなわち本年度のプログラムでは、「科学」(省令の第一条の文面でもカッコつきになっています)をテーマとする学習が扱われることになったのです。

フランス革命以来の王制と共和制の入れ替わりのなかで完成されてきた、私たちの中央集権的伝統のしきたりが、こういう要求をしてきたということです。

このような思考統制には利点もあるということを銘記しておきましょう。平等に心酔しているフランス人たちは、別のやり方があるとは想像だにせず、またフランスのやり方はかつて、各々のエリート養成の様式が集う国際舞台で、真価を発揮していたからです。

要するに私たちは、あなたがたも私もみな同じように、ひとつの検印、ラベルを貼られているのです。私たちの話す言語と、私たちの暮らす宗教的・政治的歴史に結びついたラベルです。

この製造印――これを決して忘れてはなりません――は、他の諸々の刻印と同じく、私たちが文明と呼ぶ共通の工程に由来しています。目下の場合は西洋的人間の製造です。

私としては、それが思考するという努力に利するものである限り、どんなプログラムにも柔軟に応じるつもりです。ここで必要なのは、アイス・スケートの試合のように、課された形象《フィギュア》を演じること、すなわち理想化した、言わばミイラ化した大仰な語——お役所の言うところの「科学」——を、包帯から取り出し、生きたものにすることです。

だから私は、放課後のみなさんにこれからご辛抱いただくこの短い講義の表題を、次のように決めたのです。「向こう傷。若き学生たちに向けての科学と無知についての講演」。

＊

辞書にあるように、向こう傷とは、鋭利な刃物で、特に顔面につけられた切り傷のことです。要するにそれはひとつの刻印であり、身体につけられた一種のサインです。ですが自分で自分の顔を見ることができるのは、鏡を使ったときだけです。これから私がみなさんに手渡すのは、一枚の鏡、考えるための鏡です。

私はこれまで、刻印や痕跡、傷跡について、多くの時間を割いて考えてきました。ユネスコや他の国際機関のために行ったアフリカでのミッションの折に、儀礼的に入れられた切込みの痕を持つ顔に出会ったのが最初でした。続いてボルヘスによる印象的な物語「刀の形」を読んだのですが、その物語はこう始まっています。「恨めしげな向こう傷がその顔に刻まれていた……」。

人間が同一性《アイデンティティ》に直面するということが、この物語では問題になっています。スティーヴンソンの小説『ジキル博士とハイド氏』、あるいはそれほど有名ではありませんが、日本の谷崎による『友田と松永の話』のように、自己自身に直面した人間、自らの矛盾に直面した人間が問題になっているのです。

同一性をめぐる議論、これが私たちのここでの問題です。

このような議論を持ち出せば、科学に取り組むための私たちのアカデミックなやり方からすると、招かれざる客を私が連れてきてしまったことになるでしょう。「科学」という表題を私は受け入れましたが、この科学はハード・サイエンスだけではなく、いわゆる人文科学や経済学、社会科学も指しています。

*

これから私がみなさんに提案するのは、道を踏み外す練習、ただそれにつきます。この練習は容易なものではありません。私たち一人ひとりが、自分の習慣的なバランス、つまり先入見や思い込みと、一時的に縁を切ることが求められます。単刀直入に本題に入るために、次のように述べてみましょう。

テクノロジーと同じく、科学は自らが普遍的であることを求めます。その原理や考え方、そしてその応用の可能性において、科学は固有の身元というものをもっていません。今日の天文学や物理学は、歴史的には、ルネサンスと呼ばれる時代に始まった西洋の科学革命に由来するにもかかわらず、祖国をもたないのです。

同様に、カール・ポパーのような人が、知識と無知の源泉や、科学的言明の有効性の条件について語っていることや、トマス・クーンのような人が、諸々の科学のシステム内における革新のメカニズムについて語っていることは、知識人や思想家の誰彼を問わず、どこにいようと、彼らのすべてに関わってくるのです。

いったい問題はどこにあるのでしょうか。

このようにお答えしましょう。普段私たちが眼差しを向けるのに慣れていないところに問題はあります。つまりそれは科学のシステムが人間的現象として、人間に限った現象として、私たちの前に現れるようなところです。言うなればそれは文明という領域です。

科学は身元《アイデンティティ》の問題に直面している、なぜなら科学は文明の一部をなしているからです。

これこそが私の論じたいことであり、これは極めて重大な問題です。この問題を扱うための最良にして唯一の方法は、私たち自身に立ち返ること、つまり西洋という身元に直面した西洋的科学の経験に立ち返ることです。

そのためには、（映画で言われるように）フレームを拡げる、つまり科学に対する眼差しをずらして、習慣や記述、技術に関わる周縁部を、視野に収める必要があります。学会発表や教育の対象とはならずとも、本質的で、決定的とも言えるものを見出すことになるでしょう。というのも、それが科学を支える枠組みだからです。

これを受けて私たちは、順に二つの方向に進むことになります。

第一の方向にあるのは、片隅に追いやられたものの領域です。つまり近代的な科学システムの裏面です。問題となっているのは、私たちが消し去ったもの、にもかかわらず西洋の特性や固有性を理解するためには決定的に重要なものです。言わばそれは西洋の商標です。

第二の方向にあるのは、科学が自分のなかに取り込めなかったものです。すなわち主体についての知、文明・文化・社会などの概念に血を通わせる知です——この知を抜きにすれば、これらの概念は今日では無用の長物となってしまいます。

I　第一の方向

鍵を握る問い

近代的な科学のシステムの形成において、片隅に追いやられたのは何か？

こう付け加えましょう。西洋文明の身元の核心に触れるものは何か？

つまり西洋と、西洋からもれ落ちるものとについてお話しすることになります。

私たちが手にしたこの科学のシステムは、ひとつの幹から徐々に枝分かれしながら形成されてきました。専門化がなされ、諸々の分化した厳密な知の一団が構成されました。ですがもともとの土台——つまりすべての知とキリスト教とが絡み合った状態——から、残った何かがあるのです。それは残りものとはいっても、強く作用する何かでした。

　この残りものを認識し損ねている点が、西洋の盲目ぶりを決定づけているのです。西洋は自分自身について盲目であると同時に、他の文化（非西洋）が科学と取り結んでいる関係についても盲目なのです。

この残りものとは何なのでしょうか。思いがけないものがそこで私たちを待ち構えています。

あなたはどこの人間製作所の製品ですか？　私がこう訊ねたとしたら、おそらくみなさんは、今どきの文化的言説に倣って、次のように答えるでしょう。私はユダヤ＝キリスト教文化の製品です、と。それからよきフランス語で誇らしげにこう付け加えるのかもしれません。啓蒙の十八世紀の製品でもあります！

ですがもし私がこう訊ねたとしたらどうでしょう。あなたがたは市民法の文明のなかに暮らしており、この文明が接着剤となることでマネージメントが可能になり、グローバル化もこの文明によって支えられているのをご存知ですか、と。いいえ知りません、そうお答えにならざるを得ないでしょう。そしてこう付け足されるかもしれません。何を言っているのですか、そんなことは私たちの学習指導要綱には入っていませんよ、と。

こうして私たちは自ら無知の尻尾を出すことになるのです。

これほど重要な歴史的資産について私たちが無知で、その知識が専門的な歴史家サークルの占有物になっているのはなぜなのでしょうか。手を貸しますから、がんばってついてきてください。これからみなさんは新たなことを学ぶことになるのですから！

新たなこと、それはユダヤ＝キリスト教ヨーロッパと言われるここヨーロッパで、科学的方法が到来するにあたって、ローマ人たちの市民法（略してローマ法と呼ぶことにしましょう）が果たした役割です。欧米の文明においては、この歴史の残りもの、正確に言えばこの歴史的な蓄財の残りものが、科学システムと私たちとの関係の上に重くのしかかっているのです。

これから私がみなさんのご覧に入れたいのは、この歴史的蓄財です。言ってみれば私たちは、この蓄財の利子生活者なのです。

第一に、ただ単に歴史ではなく、歴史的蓄財と言うのはなぜなのかを、お話ししなければなりません。

そのあとで、言わば中心的なエピソードについてお話ししたいと思います。つまりキリスト教によるローマ法の株式公開買い付け（ＴＯＢ）です。諸科学が宗教や政治を相手に繰り広げた闇取引が、そこで明らかになります。

おしまいに、ユダヤ＝ローマ＝キリスト教的かつ世俗的なこの文明の利子生活者であるという私たちの、知略に長けたやり方について、少しばかりお話しましょう。

A　はじめに、私たちが過去を考えるに際しての、西洋的風習についてお話ししましょう。

文明が培ってきた、知るための、もしくは知らずにいるためのやり方のことです。それもここでは科学の到来に関してです。

取り除かなければならない障害が二つあります。

最初の障害は、私たちが宗教（religion）（ローマに起源のある用語です）という概念から抱く理念に関係しています。西洋人にとって、あらゆる宗教的な参照項は原則として、政治的に非活性化、もしくは無力化しています。宗教は諸個人の自由な選択に任されているのです。合衆国最高裁判所が「思想信条の市場」と呼んだもののなかからの（「セルフ・サービス」のような）選択です。

この発想を過去に投影してしまえば、ヨーロッパ文明の構築における宗教的言説と科学的言説の錯綜が理解できないばかりではなく、テクノサイエンス経済の支配下にある今日では、科学が社会的崇拝の対象となっており、キリスト教の祈りの言葉で言われるように、

「誤りを犯すことも、私たちを裏切ることもありえない」全能なる神の超近代的な代理物となっているという事実も、理解できなくなって当然です。

二つ目の障害、それは歴史学が、正確な調査技術により科学的に秩序立てられた回想だとみなされていることです。ですがそれはあくまで次々と継起する瞬間からなるひとつの舞台、直線的な時間表象でしかありません。

別のやり方で考えることもできるのです。時間的なデータを地質学的な構造の隠喩に結びつけるやり方です。そうすれば歴史とは地質学的な時間の等価物、地層の堆積となるのです。

オスヴァルト・シュペングラーの有名な書物『西洋の没落』（一九一一八年にウィーンで刊行）の成功に貢献したのは、ひょっとするとこの考え方なのかもしれません。この著作の根幹そのものはさておき、私の興味を惹くのは次の点です。

シュペングラーは鉱物学者から、「仮像（pseudomorphose）」という概念を援用しました。この概念はギリシア語に由来し、字義通りには、偽りの形態を意味します。これはつまり、新しいものが偽りの新しいものだということではなく、古いものの裂け目――崩落や断裂、つまり目下の私たちの関心領域で言うところの危機――が、新しいものを古いもののなかに招き入れつつ、新しいものに古い形を押し付けるということです。それから新しいものは古いものを覆い、次なる変動までそれを包み込むのです。

私もこの仮像の概念を取り入れることにしました。私たちが直面しているのは、組み合わさったいくつかの要素（ローマ法＋キリスト教＋科学の形成）の蓄積です。二千年以上の古い堆積層の上に、最新の堆積物である、テクノサイエンス経済が構築されたのです。

このような文明の土壌を掘り返してみれば、西洋の基盤が見出されます。私たちの知や学習指導要綱が見落としている、またユダヤ＝キリスト教に限定している限りは到達できない、法的な部分が見出されるのです。

B　これだけ言っておけば、私たちの歴史の中心的なエピソードを分析できるようになります。つまりキリスト教によるローマ法の株式公開買い付け（ＴＯＢ）です。これからその重要性を推し量っていくことになります。

このような一大事について、あなたがたはこれまでほとんど、あるいはまったく耳にしたことがないはずです。

ローマおよびローマ法の歴史は、国家学や市場経済の規則〔とりわけ契約の歴史や、訴訟による紛争解決の歴史〕だけに関係するわけではありません。それは科学的思考の機能、そして科学的方法の理念そのものにも関係しているのです。

まずこの二点を明らかにし、それから次のことを説明することにしましょう。ローマ――この〔ローマ法という〕システムを発明した古代ローマ――が崩壊し、政治的な地図から姿を消してからおよそ六世紀を経た中世になって、キリスト教がローマの法的資産を言わば奪い取ったのは、どのような条件においてだったのか。

驚くべき歴史ではありませんか！

1. ローマ法と、科学的思考の機能

入れ子状に組み合わさったような、いくつかの要素を思い浮かべてください。第一に、ローマ帝国は無際限の権能を、文字通り世界の所有者となること〔Dominium Mundi〔世界の領有〕〕を要求しました。ローマ法〔とりわけここで私たちの関心に触れるのは、契約や司法のシステム〕は、世界の管理、法による世界の統治という理念を産み落としたのだと言えます。

その一方で、科学的な思考が、限度のない問いかけや無際限の探求を少しずつ自分のものにしながら、形作られていきました。ハンス・ブルーメンベルクの表現を援用して、こう述べてみましょう。「理論的な好奇心」が、「臆面もない活動」の段階に達したのだと〔『近代の正統性II』〕。

ここで私たちが確認するのは、歴史におけるひとつの収斂です。法についての二概念——科学的そして法学的——が、この収斂によって重ね合わされようとしています。原典に立ち返ることにしましょう。私が念頭に置いているのは、ユスティニアヌス帝の命令で編纂された法律の教科書〔伝統的なローマ法入門としてヨーロッパで十九世紀まで用いられることになる教科書〕です。先に言及した次の献辞が掲げられているのはこの教科書です。«Juventuti cupidae legum»すなわち「法を意欲する若者たちへ」。お察しのとおり、問題となっているのは「法」です。近代科学における〔「法則」という〕今日では通俗化した意味をもつ以前は、「法」という語はもっぱら法学に限られており、また帝国がキリスト教化してからは、神学に限定されていました。

Lex〔法〕。このラテン語は、「読む」という意味の動詞に由来しています。科学の側に持ち込まれると、「法」という語は、学者もまた読み手であることを連想させます。学者は、私たちが〈自然〉や〈世界〉と呼ぶものを、それが一冊の〈書物〉であるかのように読むのです。

つまり法学者がテクストの読み手、帝国の法の解釈者だとするなら、学者は〈自然という偉大なる書物〉の読解に身を捧げるのです。彼は現実を解読・判読して、科学的な法則という、別の種類の法をそこに見出すのです。

この表象の連続性に注意しましょう。世俗化した科学も、それはそれでひとつの読解なのです。そして超近代という時代において目の当たりにすることになるのは、法の二概念――法学的そして科学的――を（犠牲を省みずに）重ね合わせようとする、テクノサイエンス経済です。

2. 続いてもう一歩先に進むことにしましょう。ローマ法は、科学的方法に関して、本質的な何かをもたらしました。

古代ローマ帝国崩壊から六世紀後、ローマ法は蘇ります（実際には他の社会規則がずっと前からすでに根付いていていました）。ローマ法が蘇ったのは、何よりもまず政治的な理由によるものであり、その理由は時として手短に、「教権と帝権の対立」と要約されます。

大陸の西側で、封建制システムの再集権化の試みが出現したことと関係する事態です。

ここでの私たちの関心を占める文化的側面においては、このようなローマの理念の再興は、ヨーロッパ文明における大波乱でした。民俗学者ならば魔術的心性あるいは野生の思考の痕跡と呼ぶようなものとの激突だったのです。

十一～十二～十三世紀に身をおいてみましょう。新たな「坩堝《メルティング・ポット》」が生み出されて、ローマ化した西洋を飲み込んだ〔ゲルマン族の〕侵攻に祖先を持つ人々の考え方を変革していくのです。これらの人々は神判を大々的に実践していました。蛮族の法（ゲルマン人の侵攻時には、この法がローマ法と競い合いました）から受け継がれた、証拠の一形態です。

神判とは、判事の前に持ち込まれた紛争、例えば殺人の告発のときに、神の審判に訴えることで成り立っています。被告には身体的な試練（例えば火傷）が課されます。傷口が癒えれば、被告は無実だということです。そうでなければ彼の有罪が決まります。他の神判の形態としては、闘士たちに委ねる、決闘裁判に委ねる、さらには宣誓に委ねる（今日でもややフォークロア化した形で唯一残るのはこれです）、などがあります。

ローマ法（古代から宣誓を保持していました）の回帰は、これらの慣行、そしてそれに伴う精神状態を混乱させることになります。

ローマ法は、合理的な証拠という自らの総合的システムを強要します。証人、証人の批判、物質的証拠、承認済みの記述、等々です。ローマ法は、科学的方法を特徴づけるような、実証性の精神の嚆矢であると言っても言い過ぎではありません。中世の法学者たちによる次の表現が示唆的です。「純然たる事実そのもの（simpliciter et pure factum ipsum）」。

ローマ法の回帰がもたらしたもうひとつの帰結は、西洋文明における科学的方法の躍進を、より深いところで、より長期的に準備するものでした。

訴訟における証拠の合理性は、キリスト教国において仕掛けられることになる、あらゆる形態の魔術に対する闘争の一側面にすぎません。魔術が体系的に犯罪扱いされていくのです。

確かに教会も、自らに固有の論駁や、自分なりの弾圧を考案していました。ですが教権的キリスト教は、魔術を根絶するための合理的な議論を、どこに見出したのでしょうか。合理的な議論というのは、神学的だけではなく、法的な意味においてもです（神学は『使徒行伝』八章に伝えられる魔術師シモンを典拠にします。シモンは奇跡を起こす力を得るために金を払います）。この合理的な議論は、キリスト教的制度の生来の盟友、ローマ法の巧妙な手続きのなかに捜し求められたのです。

ここで私たちはある戦略的な要素に触れることになります。西洋の知のシステムの歴史における、ローマ法とキリスト教との連合がそれです。

3. キリスト教によるローマ法の株式公開買い付けについてお話しするときがきました。

株式公開買い付け——株式上場企業の法律でいうTOB——という隠喩を用いるのは、以下のことを理解していただくためです。

権力関係とは、軍事的ではないものの、さまざまな利害の複合に起因する、何らかの征服の形態に行き着くものなのです。ここでは政治的利害と宗教的利害の複合が問題になっています。

手短に歴史をおさらいしましょう。

五世紀に、西ヨーロッパのローマ、すなわち帝国の西の部分が崩壊しますが、ギリシア化した東の部分——ビザンツ——は、コンスタンチノープルがトルコの攻撃により一四五三年に陥落するまで、千年にわたって生き延びます。しかし西側でも、ローマの権力の威信と、長きに渡る支配の道徳的な帰結は、崩壊の後も生き残りました。

伝説的な物語（偽りに基づく純粋な伝説ですが、教権にとっては根本的な伝説です）によれば、教皇は四世紀の皇帝コンスタンティヌスの手から、帝権のシンボルを寄贈されました。中世に頻繁に注釈されたこの資料は、「コンスタンティヌスの寄進状」と呼ばれることになるでしょう。

ついで九世紀のシャルルマーニュは、ローマ帝国の復興を求めました。それから、それから……。西洋人にとってのこの帝国概念の驚くべき命運がお分かりになるでしょう（エンパイア、帝国主義……）。

しかし決定的な試練が生じたのは十二世紀です（この世紀にもルネサンスという言葉があてられています）。二つのライバル、永遠のライバルである二つの利害のシステムが出現したのです。つまり神政の教権と、ゲルマンの皇帝です。

私たちの関心を占める現実においては、教権のほうが強大でした。私が株式公開買い付けと述べるのもこのためです。教権と、その法学者たちの広範なネットワーク（当初は教皇組織に依存していた、真の小共和国たる大学もそうです）は、近代の到来まで、ローマ法の学問的かつ極めて政治的な命運を手中にしていたのです。

近代性が始まるのはここからです。だとすればここでは、〈理性〉の周囲をめぐる、二つの重要な事実をお話しするのがよいでしょう。絶えず繰り返される、西洋の典型的な議論です。つまりそれは〈信仰〉と〈理性〉についての議論です。世俗的な言葉で言えば、〈宗教〉と〈科学〉についての議論です。

最初の事実はこうです。議論の根源そのものをなす事実です。キリスト教とユダヤ教の戦いがそれです（ショアー以後の今日では、この戦いはイスラームの方に移動しています）。キリスト教はもともと、ユダヤ教の一派だったという事実を思い起こしておきましょう。ですがキリスト教は、使徒パウロが書簡において明らかにする根本的な理由（政治神学にとって極めて重要な理由）により、非常に早い段階で伝統に背を向けたのです。とりわけそれは聖書の、トーラー〔モーセ五書〕の解釈という水準においてです。

受肉した神としての、そして中世の神学者らが言うように、「〈書物〉そのもの（Liber ipse）」としてのキリストは、聖書の文章を扱う伝統的な作法とは相容れないものなのです。

六世紀、ユスティニアヌス帝（先ほど引いたローマ法の教科書の作者です）はキリスト教の論争を次のように要約します。「ユダヤ人は狂った解釈に身をゆだねている」。これはつまり彼らが非理性の側にいると言っているのと同じです。

少し脇道にそれますが、キリスト教は聖典を放棄したわけではなく、それを福音書の一種の導入部にしたのです。ローマ・キリスト教文明とは、手短に言えば、ユダヤ教に対して築き上げられたものです。対してとは、語の二つの意味においてです。つまり（神聖なるテクストに、ユダヤの聖典の構成要素に）拠って立つと同時に、ある種の根本的な敵意も抱いているのです。このため西洋のシナリオはユダヤ人とローマ人に借りがあるわけですから、ユダヤ＝ローマ＝キリスト教なのです。

　キリスト教の論争に戻りましょう。事の重大さがお分かりでしょう。ユダヤ人は直解主義とのそしりを受けますが、これは後に、とりわけ割礼のために、「身体的」解釈と言われることになるでしょう（ローマ法も割礼を否定していましたが、それは独自の理由によるものでした。ローマ法は割礼を身体への損害とみなしたのです）。「身体的」解釈と対立するのが、キリスト教徒の「精神的」解釈です。

　これは些細なことではありません。文化の根底にかかわることです。記述という現象と身体との関係、テクスト解釈へのアクセスと身体との関係についての考え方が問題になっているのですから。

　キリスト教と、それがローマと取り結んだ盟約をめぐって、私たちは身体／精神（すなわち心身）という近代的な二項対立の根源にさしかかっています。つまり脱身体化した合理主義の根源であり、それは「西洋の合理的神話」（スペインの著者ド・ディエゲス氏の表現を借りれば）とも呼びうるものです。

二つ目の事実もやはり重要です。再び黎明期に立ち返って、この事実を要約することにしましょう。ユダヤ教の聖典やコーランとは対照的に、キリスト教の起源のテクスト（福音書と使徒たちの著作）は、社会的規則をもたないのです。

だとすると根本的な疑問が浮かび上がることになります。拡張中だったこの宗教は、自分がもっていなかった社会規則を、どこから手に入れることができたのでしょうか。

否応なく、ローマ帝国――キリスト教を公式の宗教としたものの、やがて解体し、西側では（五世紀に）崩壊する帝国――の法からです。

そして六世紀後のそのときにこそ、先ほど申し上げたＴＯＢが生じたのです。このＴＯＢは、科学のシステムの形成と命運の上にも重くのしかかることになります。

Ｃ　では次の問いに取りかかることにしましょう。なぜ私たちは、この法的蓄財の根っか

らの利子生活者なのでしょうか？

すでに根絶されて久しい、神判や魔術に対する戦いの歴史はひとまず措いておきましょう。

ローマと古代ローマ社会が消滅し、ローマ法自体も六世紀の間ヨーロッパ社会における影が多少なりとも薄くなるなかでの、この法的資産の突然の回帰——まったく別の文明の文脈に、再利用され、言わば生みなおされた——は、何を意味するのでしょうか。

それはこの養魚池、この概念の貯蔵庫が、代わりの準拠、代わりの根拠のもとでも、育ち、生き、繁栄できるということを意味しています。

なぜならこの歴史は、教権、そして中世の諸々の政治的組み合わせが没落しても、終わりにはならなかったからです。絶えず改良され、拡充され、各国の法や国際法に姿を変えられながら、このローマ法はあらゆる大義を提供してきました——イギリスの議会制民主主義、フランスの中央集権主義だけでなく、ヒトラーの国家にソヴィエト連邦……列挙すればきりがありません！

この驚くべき歴史によって浮かび上がるのは、操作性の勝利です。

世俗化したユダヤ＝ローマ＝キリスト教によって製造された西洋にとって、根拠、すなわち諸々の規範の〈理由〉は、たいしたことではありません、取り替えればよいのですから！　言い換えれば、機能上の適用の範囲を越えるような地平は存在しないのです。こうした条件のもとでこそ、文化の堆積的歴史というスケールで、ローマ法は技術的原理をもたらしたと言うことができるのです。

　これによって私たちは、実証主義的精神の誕生や、今日における大々的な社会学の援用を理解する手がかりが得られます。デュルケームがすでに、ローマ法は社会学以前の社会学になったということに気づいていました。

　社会や文化、文明に関して、地球上のどこでも利用できる冷凍パックの理論と私が呼んでいるものを、私たちが輸出する際の気安さについても、同時に理解が深まるでしょう。

II　第二の方向

科学が自分のものにできなかったものの方へ
主体についての知

ではここからあなたがたを裏面にお連れすることにしましょう。これはオーストリアの画家クービンによる幻想小説のタイトルです（『裏面 Die andere Seite』一九〇九年〔吉村博次、土肥美夫訳、河出書房新社、一九七一年。野村太郎訳『対極』法政大学出版局、一九七一年も同作品〕）。私がこの第二の方向で展開させようとしていることと、決して無縁ではないテーマです。

冒頭で私が言及したことが、ここでの問題となります。つまり私がつれてきてしまった、私たちが科学に取り組むやり方からすれば招かれざる客であるような議論です。同一性《アイデンティティ》についての議論がそれです。

A　同一性――何のことなのか？

同一性の論理的な原則とはこうです。そうであるものは、そうである。そうでないものは、そうでない。Aと非Aがあるということです。

この定式は、イエスとノーの区別ができていることが前提です。個人に関していえば、否定を身につけていること、つまり無矛盾律にアクセスできていることが前提であるということです。事は単純なようにも思えます。とはいえ二点ほど指摘しておく必要があるでしょう。

ひとつには、動物も、例えば栄養を摂取するために、有用なものと無用なものとを、快と不快とを区別することができます。人間の子供も同様です。人間にとってのそもそもの始まりは、このような動物的な区別の知を表明することですらあります。

ただし人間の場合、これは要求の満足にとどまることではありません。ことばの次元があり、そこから言わば哲学が始まるのです。西洋にとって極めて重要な、かのアリストテレスは、ミツバチの組織と、制度の秩序とを区別するものについてこう記しました。「動物のうちで、ただ人間だけがことばを持っている」。この記述は『政治学』と題された論稿の第一巻に収められています。

この種の真理が今日においてこそ思い起こされる必要があるのは、今日では高等霊長類の知性（サルのボノボの人気が思い起こされます）と人間的文化の生産を原則として同列に扱うことで、論理のカードをごちゃ混ぜにすることが習わしとなっているからです。

二つ目、これもやはり根本的な指摘です。

無矛盾律が通用しない領域というのがあります。夢の活動がそれです。夢の場面においては、すべてが可能です。現実において法をなすものが取り払われているだけではなく、夢を見る人は変身したり、誰か別人になったり、複数の人物になったりすることができるのです。見たところ、寝ている人にとっては、目覚めた生活の同一性が解体しているようです。

以上の二つの指摘は相互に補完しあうものです。これらの指摘は、人類に固有である言語の現象、人間の活動全体に及ぶ言語の側面に関わるものでしたが、そこには結果として、フロイトが無意識というそっけない用語で示した、闇の場所も含まれることになります。

フロイトは別の場面という、もっと味のある、親しみやすい表現も用いていました。私たちの誰もが、睡眠という休息中にしか直接には到達できない、隠された、思い通りにならない場面です。

困難なのはこれです。つまり隠された場面から、意識される場面へと移ることです。人間の同一性とは、合成の、組み合わせの帰結です。別々の領域を組み合わせること、無意識の場面と意識の場面とを、「すべてが可能」の夢や幻想と、世界との関係や社会の絆が要請する限界の原理とを組み合わせることが必要なのです。

けれどもいったい何が、諸々の部分や断片をつなぎ合わせているのでしょうか。どのような力が、非理性と理性とからなるカオスを、生きたまま（そして狂わずに）共存させるための架け橋となっているのでしょうか。

B　私たちはここで諸制度の力を見出すことになります。そしてこれらの制度もまた言語的条件に縛られています。

「諸制度の力」とは何を意味するのでしょうか、そして社会におけるその具体的な機能とは何なのでしょうか。

1. 諸制度の力。実のところ、「文明」なる極めて曖昧な語が口にされるときに引き合いに出されているのは、この力なのです。そして他ならぬ精神分析こそが、主体の構成という建築物、同一性という建築物に光を当てることで、私たちに地平を切り開きました。フロイトが解明したところによれば、その論理はオイディプス的論理（ご存知のように、フロイトはソフォクレスの悲劇『オイディプス王』に収められた筋書きから着想を得ました）であり、そして視野を拡大するために付け加えれば、系譜的な論理です。

精神分析と呼ばれる、この科学的思考におけるアクシデントは、人間のモンタージュのあらゆる機微と複雑さを考慮に入れ、私たちの社会的な深い確信――それらの確信は生まれてはまた消えていきます――を相対化することへと導くのです。

思考のアクシデントと申し上げるのは、フロイトの科学的な前進が、科学的実証性や、一枚岩の個人という考え方にとっての落胆となるような、ひとつの発見をもたらしたからです。

精神分析は私たちの舞台裏を明るみに出しました。舞台裏とはつまり、無意識の知（私たちの夢にはその断片が浮かび上がっています）のパラドクスであり、同時に個人の内面そのものにおける、主体の内部における神話の形成です。

言い換えれば、精神分析は私たちに、同一性の操り糸を見せてくれるわけです。地球上のどこでも同じ操り糸です。精神分析は西洋人たちに、彼らの「合理的神話」の先にある、人類の常道を見つけなおし、彼ら自身の刻印、私たちの一人ひとりが知らぬ間にさらけ出している系譜的な向こう傷、すなわち文化的な署名を認識するよう教えてくれているのです。

2. ではこの文化的署名の具体的な機能についていくつか指摘しておきましょう。

西洋の商標がどんなものかを示してくれる、二つの極端な例です。

最初の例は、アンシャン・レジーム期の法制史から引いた、自殺者に対する処罰の手続という逸話です。この処罰は殺人の禁止に基づいています。このケースで私たちにとって興味深いのは、科される処罰（例えばキリスト教式埋葬の剝奪）ではなく、その論理的な意味合いです。

この慣行は私たちには奇妙に見えますが、それは本質的な（人類学的に本質的な）何かを通告するものなのです。自殺者は誰かを殺しました。彼は殺人者であるかのように語りかけられています。あたかも彼のうちに、殺人者と被害者という、二人の人格がいるかのように。

これは自殺の罪の演劇化を通して、主体が二人であること、自らのなかの他人と対峙していることを述べるひとつのやり方（まったく意識されていないやり方）です。私たちにとっては、これは主体が分割されていること、言語によって分割されていることを意味します。あらゆる人間にとっての最初の、目には見えない向こう傷です。理論的に言えば、私たちはここで同一性の構築物の初歩的な表現に直面しているのです。

アンシャン・レジーム期の法律から援用したこの刑罰の手続きは、もちろん科学的な証明では少しもありません。ですがそれは真実を述べています。ランボーによる「私は他者である」という表現に通じるような真理、そしてまた精神分析が主体とそのイメージとの関係——鏡像的関係と呼ばれる——に関して教えてくれるものに通じるような真理です。

二つ目の例は、人間の再生産の領域に蔓延する混乱についての「ニュース速報」です。

この領域は、そこで各主体にとっての同一性が構築される、運命を左右するような重要な地点なのです。ケベックの裁判所で次のような決定が下されました。

外科手術で男性の容貌を身につけたひとりの母親が、十四才になる自分の息子を、父親として養子にしたいとの申し立てをしました。どうなったと思いますか？　裁判所は請求を認めたのです。その理由（ソーシャル・ワーカーによる報告書に言及されています）とは、「この子供にとって、母親は死んでいる」というものでした。

私の注釈は明解です。過去の世紀において殺し合いがあったのは、イメージをめぐる神学論争に際してでした。そして二十世紀は系譜的イメージの殺害を発明し、二十一世紀がそれに続きます。

時として私が次のように述べるのもこのためです。西洋において、私たちはヒトラー以後の社会の時代を生きています。なぜなら私に言わせればナチスは、ユダヤ人の虐殺という行為によって、親子関係の原理（系譜の論理）そのものを攻撃したからです。

ケベックの裁判所のこの判決からは、以下のような一般的な教訓を引き出すことができます。この判決は、戯画的であるとはいえ効果的に、最重要の人類学的事実を浮き彫りにしてくれています。つまり主体と文明は互いに帰属しあっているという事実です。フロイトがすでに記していました。「文化の発展は個人の発展と似通っており、働き方も同じである」〔「文化の中の居心地悪さ」、『フロイト全集』第二〇巻、岩波書店、二〇一一年、一六〇頁〕。

　言い換えれば、同一性とは階層立ての建造物なのです。優れて普遍的なこの論理を打ち消す力は、技術主義国家の政治や行政にも、司法にも、誰にも備わっていません。

　これは鍵を握る指摘です。主体と文明（社会あるいは文化と名指される）が、相互帰属と呼ばれうるほど緊密な関係を生きているのは、いかなる分節、いかなる媒介によるのかが、この指摘を通して理解できるようになるでしょう。

　この相互帰属とは言語的なものであり、精神分析はまさにその分節を明らかにしました。つまり性とは、身体やことばをめぐる諸々の争点が出会う場所であることを明らかにしたのです。身体の側からすると、性とは生物学、医学ならびにその関連分野に属する、科学の対象です。ですがことばの側からすると、性とは主体の知の対象であり、主体とは生物学的・医学的知ではとらえられないものなのです――「万能生命医学」を振りかざすのでない限りは。これが振りかざされてしまえば、文明という理念――商標――はまったく意味のないものになることでしょう！

＊

結論を述べることにしましょう。

人間を断片に切り刻んで研究するのを拒み、構成された人間的同一性という地平を維持しようとする者にとっては、ここでの私たちのテーマ、つまり科学は、諸々の知の秩序のなかの一員でなければなりません。その秩序とはすなわち、堆積的な歴史についての問いを閉じてしまわないような秩序です。そのような堆積的な歴史こそが、この秩序を支えているのですから。

応用編

科学についての以上の考察は、同時に文明についての考察でもあった。私が関心を向けてもらおうと腐心したのは、西洋的様式の文明と、その文明に接近する私たちのやり方、そして最終的には、私たち一人ひとりが、文明化のためのさまざまなモンタージュと取り結んでいる関係についてである。

科学のシステムは、文明の構成要素をなしている。だとすれば文明がもつ意味合いはより広いものとなる。法学者たちが練り上げたある古い概念が、それを理解する手がかりとなるだろう。生存の法（Lex vivendi）という概念である。全体として非常に示唆に富む教説のなかに書き込まれた、このスコラ学時代の定式[*1]は、もっとも一般的な意味における法という概念に依拠すると同時に、私たちが「生」と呼ぶものの複数の水準をも内包している。かてて加えてこの定式は、西洋的モンタージュの理解にとってきわめて重要な法の素材を、分析のなかで用いることに許可を出してくれる——しかし決して強制はしない——のだ。

講演を補うこの応用編は、この本源的な見解——すなわち文明とは生存の法の制度的な表現であるということ——から出発することになる。そこから始めることで、講演における二つの重要な主題を、より充実したものとすることができるだろう。二つの主題とはつまり、近代的な科学のシステムの形成の舞台裏、そして主体についての知である。文明、文化、社会という概念に血を通わせているのはこの知なのだ。

序文に代えて、人間的事物の根底について語る二人の作家から、二つの言葉をここに借り受けることにしよう。ポーランド出身の英国人小説家ジョウゼフ・コンラッドと、マリの回想録作家アマドゥ・ハンパテ・バアの二人である。

前者の書いた以下のような言葉は、フロイトのものであってもおかしくはない。「自己認識という禍々しい影からのがれるためには自分がどんな策略を弄するものなのか、誰にもはっきりは分かっていない」[*2]。これは社会という水準に移し変えても通用する指摘である。

そして二つ目はこうだ。「われわれのしきたりを是が非でも吐き出させて自分たちのものを飲み込ませようとする、白い白人（植民地支配下の現地でヨーロッパ人はこう呼ばれた）の奇妙な使命感を、念頭に入れておかなければなるまい」[*3]。メディア的喧伝が防衛反応によって否認している以下のものに正面から向き合うためには、世界的支配についてのどんな報告書よりも、この言葉こそが決定打となるだろう。つまり諸文化の構造的な衝突、言い換えればショック――あらゆる形態におけるショック――の論理に向き合うためには。

これがこの応用編の出発点である。

＊1　ルフィヌス（十二世紀）の『スンマ・デクレトルム（Summa decretorum）』に由来する定式（拙著『第六講（*Leçons VI*）』八二頁参照）。全体的な教義はセビリャのイシドルスの『語源録』（VI・2・49-50）によって、以下のように説明されている。神聖なる書物の書き手は、生存の掟（praecepta vivendi）と信仰の規則（credendi regulam）を書き写す。著者（六～七世紀）はローマの重要な諸概念の概要を執筆し、中世カノン法学者たちの間で広く読まれた。

＊2　『ロード・ジム』第七章〔上巻、鈴木建三訳、講談社文芸文庫、二〇〇〇年、一一三頁〕。

＊3　『ワングランの不思議』〔石川和巳訳、リブロポート、一九八四年〕。ハンパテ・バアが白い白人と黒い白人――政庁の現地民役人――を区別する、注一〇八を参照〔邦訳一六五頁〕。

これら二つの言葉から得られる考察の手がかりを下敷きとしつつ、講演から要請される応用と補足を、以下にまとめる。必要となるのは西洋における制度的機能の過去に立ち戻ること、つまり私たちの文明の大きな指標に立ち返ることである。その上で私は、制度の言語的条件についての問題を提起した講演の第二部で主に取り上げた、中心となる理論的要素を再び扱うことにする。それは西洋性という枠組みを越えて、広がりのある理論を提示する機会となるだろう。

Ⅰ　自らを認識する

文明の指標に関する西洋的な経験についての注記

自己の認識という問題設定を文明に応用してみれば、どのような社会も、自らに対して、自らを包み隠さずにさらけ出すことが不可能であるのが、すぐにわかるだろう。西洋文明はそのような絶対主義的な権力を、至高なる全知の神の審級に託したのだ――そして現代の想像界では、大文字の〈科学〉が、ヴァーチャルな全知性を身にまとって、神の座を引き継いでいる。したがって自己の認識という問題設定は、〔文明を扱う〕このような局面においては、欧米の伝統を構成する諸々の言説の骨組みを手がかりとして、西洋がいかなる無知と知を土台としつつ、自己の同一性の表象を構築し、時を経てそれを改築してきたのかを探ることでよしとしておかなければならない。

最初の補足としては、全面的な科学化を追及する当の西洋人が、自分自身の不透明さを見出すのはいかに不得手であるのかを、一般的な観点から思い起こすことにしたい。他の文化同様、私たちの文化は、自らの起源に囚われている。近代科学の出現の歴史は、このような起源、つまり世界標準たらんとするヨーロッパ的思考の形成と極めて強く結びついているため、私たちの社会においては、科学的な征服は、生存の法、すなわちこの地理的空間に固有の制度性と切っても切れない関係にあるのである。

そのことの帰結を手短に述べるのは容易である。ここでの論理によれば、仮に他者が西洋の科学的・技術的な獲得物の買い手であるとすれば、彼ら他者は、それに伴う生き方や諸価値もセットで買っているのだ。こうしてドクサすなわち既存の共通的見解が生み出され、それは政治的・宗教的その他の対立すら超越してしまう。拒絶が顔を覗かせるや否や、それは取り除くべき社会的な不活性の発露として扱われるのである。

このような視角においては、地球全体が、私たちに固有の進化の有為転変に従うことができ、またとりわけ従うべきであるとみなされている。これは何も新奇な事柄ではなく、改宗の事業が引き続き行われているというだけのことである。ただしかつてのように洗礼を強要することによってではなく、概念によって西洋化することによって。ところで今日では、一部では「文化の自殺」[*4]と評されるような段階に達した社会組織が、スターリン時代のロシアの表現で言うところの「価値の見直し」を経験し、それを吹聴しまわってもいる。それもボルシェビキのようなやり方ではもちろんなく、文明のモンタージュ（つまり生存の法を制定するモンタージュ）の自由主義・無政府主義的な解体というやり方によって。その破壊的効果の規模は、産業の十九世紀によって準備された革命にも比しうる。

こうした効果は、若い世代を悩ませる「指標の喪失」を通して明らかだが、人文・社会科学が用意する確認は、この現象の歴史的・論理的な脈絡を示してくれるものではない。ここで作用している不認識を、取り除くまでには至らずとも、部分的にでも解明するのは、

＊4　Samuel Huntington, *The Clash of Civilisations and the Remaking of World Order* (1996)〔サミュエル・ハンチントン『文明の衝突』鈴木主税訳、集英社、一九九八〕の仏訳（なぜタイトルが『文明の衝突』と縮められてしまっているのだろうか）三三六頁にはこうある。「経済あるいは人口の問題よりもはるかに重くのしかかるのは、意味の問題」であり、とりわけ「反社会的行動の増加」（麻薬、暴力）、「家族の衰退」（離婚、若年者の妊娠、母子家庭・父子家庭）等々である。同じくミシェル・ウエルベック『素粒子』〔野崎歓訳、筑摩書房、二〇〇一年〕は、現代的意識を探求しつつ、快楽主義を実存的苦悩として描いている。「西洋的自殺の只中にあっては、彼らに何のチャンスもないことは明らかだった……」（断片十九）。

制度的機能、すなわち主観性と社会との結びつきの規範的な分節が組織される文明の核心を骨抜きにしようとする私たちの傾向に対する、批判の努力以外ではありえない。

ここで私たちが直面しているのは、同一性の表象への到達の仕方の伝承であり、それは主体と社会との結節点、この〔主体と社会という〕二項が根本的に切り離されつつ分節される地点に関係している。価値の見直しに支配された現在と、過去――制度的機能の過去――とを結びつける歴史的・論理的な脈絡に、私たちがより熟達した眼差しを向けることができれば、現代の個人主義はもっと分かりやすいものになるだろう。私が若い学生たちに勧めたのは、私たちを捉えているこの過去の明晰な継承者になるという務めに就くことである。

*

ではまず、歴史的な観点に関係するいくつかの基本的概念に依拠しつつ、文明の指標という理念が何を意味しうるのかについて強調しておくことにしよう。

講演の第一部で行った指摘が、ここからは新たな様相を呈することになる。私の位置する水準で問題になるのは、主体と社会との分節を可能にするモンタージュである。言い換えるならば（映画で言うように）、問題となるのはショット――ここでは言説のショット――をまとめるプロセスであり、それは「くっつく」ようにするためのものである。さらに言えば、ボルトやジョイントが骨格の部品をくっつけるという意味での、「くっつける」である。制度的機能の本質とはこれである。このような映画や大工の隠喩を通して、私たちは指標というものに典型的な特徴に遭遇することになる。つまりそれは意味の秩序の一員であると同時に、時間に抵抗するものでなければならないのだ。「制度」という語の首尾一貫した定義が見出せるのはここである。くっつけるという機能、正確には立たせるという機能である。さらに語源から明らかになるのは、これこそが、規範的秩序全体を派生させたラテン語起源の一連の語の系列が持つ意味合いだということである。この規範的秩序は、地球全体に波及した、西洋に典型的な二語、「国家と法」[*5]によって要約される。

先に示した言説の二平面を再度取り上げることが、これで容易になる。講演で示した二

---

*5　「立たせる」はここでラテン語の stare すなわち「立っている」に結びついている。身体位置の隠喩に長けたスコラ学は、status という語について多くを論じたが、この語はヨーロッパの諸語に伝えられて、国家を意味するようになった（State, Stato, Estado…）。拙著『第七講』五二、二三七、二四二頁参照。要するに「国家」とは字義通りには、権力にまつわる諸々の事柄を立たせておくための按配という意味があるのだ。

つの本質的要素――テクノクラシー風の用語で言えば、西洋文明の二つのインジケーター――のことである。その二つとはつまり、ユダヤ＝キリスト教と、法的な蓄財だ。これらはヨーロッパ文明を構成する二つの指標であり、私はその複雑さや錯綜について言及すると同時に、これらを取り巻く問題の不透明さを指摘することで、現代の平板な同一性表象に信憑性を与えている限定的な記憶の深刻さを浮き彫りにしたのだ。

キリスト教によるローマ法の株式公開買い付け（ＴＯＢ）に関する私の議論が言わんとしていたのは、私たちがある法的な蓄財の金利生活者であるということであり、そしてこの蓄財こそが、近代の科学や技術性の到来以前に、技術的原理を文明に送り届けたのである。講演の終わりには国家の概念も俎上に載せたが、それ以上展開はしなかった。

次の点は強調しておかなければならない。国家――むしろ国家原理と言おう――が重要なのは、それが宗教的秩序を引き継いで、教皇キリスト教の脊柱を譲り受けているからだけではなく、国家は主体と社会の結びつきの規範的な分節を組織する論理的審級（骨格のジョイントやボルト）として構築されてもいるからである。言い換えれば、国家は（カルヴァンの用語を借りるなら）優れた「キリスト教制度」――だが中世的な様式を拭い去った――であると同時に、人類学的な発想をすれば、「自然」の世界におけるトーテムの等価物となるような実体でもあるのだ。「野蛮な」姿をした君主、それがトーテムであり、親子関係の系譜的な保証人であるこのトーテムは、結果として、諸解釈のモンタージュ（諸々の禁止の解釈学）を媒介とする主体と社会の結びつきの保証人にもなっている。

それでは今の私たちは、進化の坂道のどのあたりにいるのだろうか。

普段私たちがモンタージュを扱う際のやり方とは今のところ異質な、この明らかに人類学的な視角からすると、文明における指標としての国家は、ユダヤ＝ローマ＝キリスト教（これについては講演の中でTOBと関連させて簡単に触れた）に帰することのできる諸々の練り上げの継承者であるばかりではない。国家とは「自然物」だとみなすこともできるのである。ただしそれは中世人によって打破され（神判や魔術に対する戦い）、近代性によって清算されたことになっている、野生の思考における意味でだ。

西洋の実証主義的な世俗性にとっては、規範を生産しようとする意志が動物や植物のトーテムに行き着くというアニミズム的な形で、国家に精神が宿るということはありえない。伝統的な聖性に対する忠誠からさえも実質的に切り離されてしまっている国家は、今ではテクノサイエンス経済が大量生産で生み出す制度的物体という存在形態にまで達している。全般化したマネージメント文明では、国家は神話（ここではキリスト教に由来する系譜神話）という不可解な領域から足を洗ったとの評判である。国家はついに透明性の世界に突入し、宗教性を排した知（管理経営的な客観性に属する知）の管轄に入ったということなのだろうか。

＊

国家原理を、ヨーロッパの近代性における政治的・宗教的な指標として、さらには拡張志向にある西洋の戦略上の制度的道具として理解するためには、ここで国家の概念を再検討する必要がある。それも近視眼的になりがちな経営戦略的視角からではなく、すでに述べた指摘を発展させる形で、つまり創設的なシナリオの派生物として再検討する必要があるのである。創設的シナリオとはつまりユダヤ＝ローマ＝キリスト教のことであり、講演ですでに長く触れた、宗教的かつ法的なその構成要素についてを、以下に詳述したい。

II　ユダヤ＝ローマ＝キリスト教のシナリオからの派生物

国家の概念

この先ではヨーロッパ近代が中世人から受け継いだ制度的伝統——すでに述べたように、ローマ的な司法性のなかに残る、ギリシア的刻印を切り落とした伝統——の部品や断片を寄せ集めることになる。いくつかの要点を以下に掲げておくことにしよう。

A　宗教的な要素、再び。国家のカノン法的側面。

不慣れな考察のルートを進んできた私たちはここで、難しいカーブに差し掛かっている。「カノン」という語は確かに、数学の方程式やその他の分野で用いられることもあるが、この語はそもそもギリシア化した東方、ついでラテン民族の間で、教会により練り上げられた規則を指す語として用いられたものだ。ここで私はこの語を、中世に定まった意味に従い、教皇の規範的建造物という意味で用いる。この建造物は、救世主キリストに明白に準拠することなしには考えられない。地上においてキリストの代理を務めるのが教皇である。教皇は言わば副キリストなのだ。言い換えれば、カノン法的な規範とは、信仰――この場合はキリスト教的信仰――の巨大な骨組みを、社会的な場面で表現したものである。ヨーロッパ以外の文化においては、例えばトーテム的信仰がその論理的な等価物をなしており、特定の規範による正当化が必要なのは、この信仰でも同様である。

以上のことを、私たちの国家概念の理解につながる形に言い換えてみよう。私は法制史家ガブリエル・ル＝ブラに依拠しつつ、フランス行政の諸規範のカノン法的起源について研究しているが、それはカトリックと世俗の両方の伝統をもつフランスも、教皇的な源泉に拠り所を求める際の政治的な無邪気さは、プロテスタンティズムとリベラルな寛容という特徴をもつ英国や米国と変わらないということを言わんとするためである。とはいえこれは今日のバチカンが流布させている教義への何らかの忠誠を意味するものではまったくない。問題となるのは系譜的現象である。そしてこの現象は、情報処理の隠喩を用いるとすれば「フォント〔活字の一揃い〕」と呼べるようなものの、言い換えれば人間関係の社会的な記述法の伝承に関係している。そこに見出されるのは、それぞれの国の多様なスタイルを超えた、ある種の信仰の体制（西洋的一神教の構造への積み込み）、およびその体制に見合った諸規範の具体的な展開（ローマ法が喧伝する規則や概念の大々的な援用を含む）である。

したがって国家のカノン法的側面について語ることは、教皇的な国家を語るということである。つまり国家の機能を正当化する言説の中身についてではなく——ヨーロッパは神権的神話から民主主義的信任に変わっている——、変転に適応しながら時間に抗い、構成的な形態を多様化させつつ拡張できるような、組織的覇権の一形態について語るということである。

以上の注記を敷衍すれば、カノン法的側面は国際共同体にも関係していることがわかる。この共同体においては、諸国家が、歴史的に基礎づけられた規則の庇護の下で社会をなしているが、それらの規則を練り上げるのに大きな役割を果たしたのが、中世の教権なのである（「教会は領土を持たない」という格言を出発点とする）。教皇インノケンティウス四世（十三世紀）の神学的・カノン法的教義や、プロテスタントの公法学者フーゴー・グロティウス（十七世紀）の理論は、近代の国際的建造物の土台をなしているのだ。

国家の組織的な覇権の基礎をなすいくつかのデータを、中世の坩堝に端を発する伝統のなかに見出すことが、こうしてできるようになる。そのうちの、特に教皇システムと関係するいくつかを以下に挙げることにしよう。ゲルマンの神聖帝国を政治的なライバルかつ脇役としながら、ヨーロッパの封建秩序――王国や公国を形成しつつあった――の神権的な重心をなしていた、中世の教皇システムである。

1. 第一に、**権力の起源についての宗教的着想（西方教会における意味での）は、国家をラテン一神教の派生物とした。**この指摘からはとりわけ次の点を銘記しておくべきである。反ユダヤ、より正確には社会的規則のユダヤ的記述法と教皇的モンタージュとの対立は、国家原理を構成する所与である。国家概念が、今日においてもなお、ローマ＝キリスト教から受け継いだ制度的操作の担い手であるのはこのためである（イスラエル国家を含むすべての国家がその証人である）。西洋のモンタージュの歴史を特徴づけるにあたってこの突出した定形としてのユダヤ＝キリスト教について、ここで繰り返しはしないが、このユダヤ＝キリスト教がローマという参照項を加えない限り説得力を持たない（講演で強調したように）ことは、一般的には理解されていない。[*6] だが国家の歴史的基盤に関しては、ユダヤ＝ローマ＝キリスト教というシナリオを想起したほうが、より説得力があるのである。

2. 第二の重要なデータ。**法システムの垂直性と、至上の審級による最後の一声という法の実践。**このデータによって示されているのは、ラテン・キリスト教はスポンジのように機能して帝国の神話を吸収したのだということである。「皇帝はあらゆる法をその胸の書庫に収めている」。これが意味するのは具体的には以下のことである。皇帝とは判事であり、（神性を除いて）彼より上に判事はおらず、彼こそが紛争における最後の拠り所である。政治的な配置転換のスペシャリストだった中世のカノン法学者たちは、この〔ローマ法の〕格言を教皇に当てはめたのだ。こうして彼らが理論化するに至ったのは、抗争における最後の一声を発する権力を備えた審級としての、教皇＝皇帝という複合的機能であ

*6　ユダヤ＝キリスト教という概念を扱う歴史家たちは、その神学的側面、およびJ・テイクシドールの興味深い表現によるところの「二つの隣接宗教」の共存にばかり着目している。J. Teixidor, *Le Judéo-christianisme*, Paris, Gallimard, 2006, p. 174 *ss*.

る。これこそが西洋により実践され輸出された法システムの支柱の起源である。その支柱とはつまり、アメリカ式に言えば最高裁、そしてフランスの場合には、カトリックの伝統と関係する歴史的理由から破棄院と国務院の二つに分かれている。[*7] 至上の判事である。

B　西洋の法的蓄財と、国際関係における最初のスタンダードな道具としての国家原理の到来。

国家のカノン法的側面に着目することで判明するのは、法的蓄財には、ヨーロッパ近代の歴史的構築における宗教・政治・法の錯綜が含まれているということである。今日ではグローバル化という状態に達した産業システムを支える〔国家という〕組織形態を世界に輸出すれば、文明という商標も一緒に運ばれることになるのは、その帰結である。この商標が世界的に広まるためには、ちょうど電気製品や自動車の生産と同じような、技術によ る征服だと見なされ、また自らもそう振舞う必要がある。権力はこのような技術的征服によって、あたかも専門的なエンジニアリングの手法により利用・改変できる原材料のように馴致されるのだ。こうした条件のもとでは、世界的支配の達成と引き換えに、根本的な争点、とりわけ宗教的な争点が、いわば機械的に隠蔽されることになる。だが実際にはそうした争点こそが、国家という制度性と一心同体のユダヤ＝ローマ＝キリスト教によって脅かされているのである。

仮にこの重大な事実を告発したとしても、新たな文明の衝突（かつての衝突とは異なる）――衝突の形態が不可視であれ、暴力的であれ――に対する症候的な否認が返ってくるのが関の山である。理解を深めてもらうために、作家ウィリアム・フォークナーが道徳について語った一文を援用する。ただし「道徳」という語を「国家」に置き換えて読んでみることにしよう。驚くほど真実を語った一文になるはずだ。「……国家の材料とはまるでタルトやケーキの材料と同じで、ひとたび見繕い、量り、かき混ぜてオーブンに入れれ

＊7　破棄院は私人同士の訴訟を裁く最終審級である。国務院は私人と公的実体（政府、官公庁、公的機関など）との抗争の最高判事である。これはグレゴリウス改革（教皇グレゴリウス七世の名にちなむ）の推奨者たちが提起した、「教会は誰の裁きも受けない」という原則を、フランス法へ移入したものである。この結果教会の行為や決定は特別な法廷にのみ属することになった。この長い歴史の最後の波紋が、第三共和制での国務院の維持を正当化したガンベッタの演説である。「国家は単なる一個人ではない」。したがって国家を「裁判記録に載せる」（つまり普通判事の前に召還する）ことがあってはならないというわけだ。

ば、ほかに付け足すべきことはなく、結果としてタルトやケーキができるのは間違いないと信じた、この無邪気さ」[*8]。

このような改ざんの練習によって、もっとも深刻な問題を感じ取ることができるようになるだろう。フォークナーの皮肉を活用しつつ、その問題を次のように述べてみたい。国家から、グローバル化した政治学クリームのかかったタルトを作るための材料は何だろうか。二つのデータを挙げることにしよう。それらのデータによって、西洋的な規範モンタージュの拡散能力が明るみになり、それと同時に、現代の制度的現象に関する言説が、もはや懐疑に到達し得ない、つまり考えることをあきらめているように思われるのはなぜなのかも、解明に近づくだろう。

数世紀にわたって調整を続けられ、今ではロボット化したシステムのように機能している、ある法的な機械仕掛けの有効性が、これらのデータによって明らかになるのである。

1. 法治国家の庇護の下で、契約の制度という、市場にとってのスタンダードな道具が発明され、流通した。 この〔契約という〕概念の重要性についてなら誰もが知っている。とりわけこの概念は、政治の領域において極めて有用であった。たとえばかのルソーによる

『社会契約論』はもちろんのこと、国際共同体の根幹をなす、国家間の条約について考えてみるとよい。しかし私たちにとっておなじみのこの理念に到達するまでに、ヨーロッパにおいてどれほどの時間が必要とされたのかを想像するのは、まだまだ難しいことであるようだ。個人同士の単なることばのやり取りが、国家の法廷の承認を受けた規範を生み出すことができるのである。古代ローマ法は確かに独創的だとはいえ、そこまで踏み込みはしなかった。カノン法学者の教義こそが、数々の紆余曲折を経て、中世のさ中に、この原理をもっとも一般的な形で提示し、広めたのである。[*9]

慣例的な行為や古来の慣習を踏み越えて、個人の意思の自律へと向かう動きを創始するというコンテクストこそが、ここでは重要である。この自律の原理は、今日では全面的な市場のイデオロギーにより支配されてしまっている。収益という基準に従属した自律は、

＊8　『アブサロム、アブサロム！』第七章〔高橋正雄訳、講談社文芸文庫、一九九八年〕。

＊9　グレゴリウス九世教皇令集I・三五・一に収められた、条約に関するカノン「アンティゴノス」を注釈する、パルマのベルナール（十三世紀）による決定的な定式（国家間の条約の尊重をめぐる議論において重要となるテクスト）。「宣誓と単なる発言との間に、神は区別を行わない」。福音書に誓わせるという、恒例の迂回路が示唆されている。宣誓に違反することは厳しく罰されたため、これにより契約当事者に約束を尊重するよう強制しようとしたのである。

アメリカの経済分析学派の後ろ盾のもとで、自発的に同意に達した契約――法的効力を持つ契約――を破棄する権利すら要求しているのだ。*10

2. **制度的な差異化は、西洋そのものの只中において、伝統的な応用能力を発揮している。その切り札となっているのが、国家における国籍と、法の諸形式の可塑性である。**中世のローマ＝カノン法という建造物は、賭博場や巨大なカジノにも比することができる。そこで行われているのは、多様な利害関係者たちが、反目しあう大胆な諸権力を後ろ盾として、法的素材を我が物とし、宗教的・経済的・政治的な個々の状況にそれを応用することを目指す賭け事だ。封建システム全体はこの博打に取り込まれ、こうして中世に「ユス・コムーネ［Jus Commune］」（普通法。キリスト教世界の、という意味合いが込められている）と呼ばれた混沌のなかから、文化同士の明白な分離が輪郭を現したのである。つまり「コモン・ロー」（英国の影響下で、主に慣習と判事の解釈から構成される法律）と呼ばれる体制の下にある諸国と、法律はまず成文法に基づくという理念が次第に幅を利かせるようになる、大陸の諸地域との対立である。

こうした変転のヴァリエーションは実に豊富で、極めて専門的な法学に属する――しかしトクヴィルのような慧眼の観察により活写され、分かりやすいものになっている[*11]――ことは確かだが、それらもやはり、私が講演で描き出そうと努めた、同じひとつの土台から派生しているのである。近代の諸国家がこのように法によって加工されてきたのだとすれば、世界の隅々に拡散した大学システムによって支配される、法学者たちの真の国際《インターナショナル》労働者同盟の学問的歴史にも目を向けて見なければならない。中世から現代まで絶え間なく続いてきたこの歴史こそが、結局のところ「法治国家」――これは十九世紀の政治学用語の表現が有名になったものである――の出現と、その整合性ある理論化を可能にしたのである。

＊10 契約不履行の場合の損害賠償に関する、古典的な問題をめぐっての理論。アメリカ流の功利主義（特にシカゴ・ロースクールによる）は、強制的執行を否定し、「契約の効率的な不履行（efficient breach of contract）」という教義を進化させた。Cf. M. Fabre-Magnan, *Les Obligations*, Paris, PUF, 2004, pp. 616-619.

＊11 トクヴィルの見事な一文（革命的精神を持つフランスの法典編纂人の手になるとは信じがたい）「コモン・ロー」。Tocqueville, *Voyage en Amérique*, in *Œuvres*, Paris, Gallimard, I (1991), pp. 316-621.

C 以上の注記からどんな結論が導かれるのだろうか?

三つの事柄である。

まずひとつに、西洋文明の襞に分け入るためには、国家と法の前史を学ぶ必要があるということである。この前史と深く結びついているのが、ヨーロッパにおける神権政治の諸実践であり、なおかつ「注釈学者」と総称される(キリスト教では彼らがタルムード作者に相当するのである)中世の解釈者たちが展開した思想である。

第二に、現代と呼ばれる時代には、諸国家という部分集合によって、集合が多様化したことも確認しておかなければならない。これらの部分集合は、それぞれがある程度の互換性のある法的な体制の生産者である一方で、いずれも同じ株からの枝分かれであり、そこにはヨーロッパの主要な系譜的争点が反映されている。

最後の点は、マネージメントの出現以来、政治的な理念を引き継いだテクノサイエンス経済が、グローバル化する超=言説を強要しているということである。この超=言説は一種の規範の合成装置《シンセサイザー》であり、文化の多様性を否定しているが、法的な面では、コモン・ローの精神と結びついた英米的経済主義に支配されている。フランスの制度システムは、自分のものではない伝統の網の目に捕らわれながらも、批判されることのない諸表象に相変わらずしがみつきながら（とりわけ悪名高いのが中世の法律第一主義に対する古くからの憎悪）、同調の道を探っており、自らに固有の歴史性と向き合うことを避けている。[*12]

＊12　二〇〇五年一月の初審問時に、破棄院長は興味深い演説を行った。ポルタリスが一八〇四年に提案した民法典の長所を称えた後、演説者は（形式的とも取れる留保を見せつつ）アメリカの経済分析学派の定義する「効率性の要請」に言及し、「わが国の法や裁判の装置の野心的な近代化プログラム」を実施するとしたのだ。

III　理論的な広がり

社会的モンタージュの言語的構造

ここではいくつかの理論的な要素を説明することにしたい。これらの要素は主として講演の第二部の前提となっていたものである。その中で私は文明の同一性という問題を、精神分析がもたらした知、すなわち主体についての知の観点から取り上げた。主観的・社会的な生の核心についてのありがちな誤認を乗り越えて、次の根本的な現象を把握することが必要だ。つまり主体を支えると同時に、「文明」「文化」「社会」という、いつの間にか曖昧で似たような意味になってしまった語で示されるモンタージュをも支える、言語的構造、すなわちことばの法である。

ここで私たちが取り組むのは、同一性というとりわけ人間的な作用の様々な表れに共通する論理である。その先にあるのは、ことばを話す種〔人類〕における生、そして生の再生産——ローマ法の表現である「生を制定する（vitam instituere）」を含むような意味での——という、普遍的な地平であり、この地平は、私たちが独自に練り上げた諸制度や、諸々の歴史的堆積を越えた先にある。世界を分け合う諸々の規範システムのなかに、西洋を書き加えるつもりなら、私たちの標準にはどれほどの文化的な要素が含まれているのかに意識的でなければならない。つまり何よりもまず標準化した私たちの諸範疇が持つ表象としての価値を意識し、他者にとってはなじみの薄い表象の内実を、ほとんど機械的に他者へと投影するのをやめなければならないということだ。

　できるだけ単純で、曖昧さを排した、以下のような基礎的な定義の試みから出発することにしたい。私たちを他の動物から区別する言語的断絶という意味での、社会・文化・文明があるのは、フィクションのシステムがあるからである。それらのフィクションは言説のフィクションであり、生も生の再生産も、それなくしては立ち行かない。このフィクションのシステムを、ここではモンタージュの構造と呼ぶことにしよう。構造であるのはなぜかといえば、そこで作動しているのは規範の構成だからだ。モンタージュであるのは、このシステムの練り上げには、様々な領域に属する諸要素が用いられるからである。

以上の指摘により、主体と文化の構造的な相互帰属という、私の展開する理念が明確なものとなる。具体的に言えば、講演の第二部での問題は、制度的な次元——法学や政治学による記述の対象——と表象の生との関係づけを出発点にしていたということである。表象の生を問いの対象とすることを可能にしたのは、フロイトの精神分析である。この精神分析が射程に収める主体の構築には、制度化の枠組みとしての文化や、とりわけ文化によって述べられる言説も含まれている。

したがって以下に述べることとは、若い世代の聴衆たちにとっては謎であったものを解明する手がかりとなるだろう。つまり法学と精神分析を架橋するという理論的位置取りが体現していたような謎である。同時に示されることになるのは、根本的なものをめぐってなされたここでの考察が、どの文明でも通用するような、人類学の重要な問いかけの変転のうちに加えられるべき意義を持つということである。

*

言語的構造。人間のコミュニケーションを可能にするフィクションの過程を思い起こすことから始めよう。言語的記号、つまり文字からしてすでに、私たちにこの過程の源泉を垣間見せてくれようとしている。なぜなら文字とは、物質性の脱物質化、言語による現実の透明化の証左であるからだ。この現象は世界をひとつの舞台に作り変え、人間を、彼の「考える眼差し」[*13]を、この舞台から分離し、同じく自分自身からも分離するのである。

こうした定式はすなわち、人間世界の象徴的組織化を、一般的に定義したものである。ここでいう象徴的とは、ある義務で結びついた二人の人間が、互いを認識するために交し合う、二つに分けられたひとつの物体という、古代の字義通りの意味である[*14]。象徴的秩序という概念は、そのすべての側面を理解されないまま、今日では通俗化してしまっているが、これは語る動物が世界と同一性／他性の関係を取り結び、各主体も自己と同様の関係を結んでいるということを意味する概念である。このような厳密な意味での象徴的なもののなかには、言語的構造の特徴たる、強制的要素という理念が含まれているのである。

これを説明するために、鏡のモンタージュについて述べることにしよう。鏡の真理は有無を言わせない。つまり鏡によって創始される現前の有無を言わせぬ権威は、イメージ（ここでは自己のイメージ）との関係が、そもそも規範的なものであることを示しているのだ。このようなドグマ的な差し向かいにおける、揺るぎなき場所の論理からすれば、主体とそれ自身のイメージとの関係の真理は、言うなれば演劇的に、舞台上の顕現として

「登場する」のである。このような問いの立て方は、私たちが理解する限りでの科学的実証性には馴染まないものである。なぜならこれは不明瞭な領域——講演では裏面と述べた（本書三五頁）——に属する事柄だからであり、そこでは合理性が、不合理という自らの一種の奈落に出くわすのだ。場合によっては精神分析がこの奈落を探索することもあるが、いつの時代にもそれに言葉という地位を与えてきたのは、あらゆる形態の詩である。ボルヘスは正当にも、「憂慮すべき鏡の真理」に立ち向かうのだと語り、数学者かつ詩人のルイス・キャロルは、これを子供でも読める幻想文学のテーマにした（『鏡の国のアリス（Through the looking-glass）』）。

鏡というパラダイムには、二重の意味で構造が凝縮されているのがわかるだろう。ひとつにはそれが、人間に固有の同一性の場面と関係しているからである。それはローマの詩

＊13　自己と世界との関係という謎に直面した主体の問題を正しく要約した、パルメニデスの表現より。
「不在と現前を平行して眺めよ
考える眼差しのために
それらを存在の全き力の中で眺めよ」。
『詩篇』断片4。

＊14　ギリシア語の動詞 symballô とは、まとめる、近づけるという意味である。

人オウィディウスが語り、[*15]フロイトがイメージの主体的な作用を問題化するために援用した、有名なナルシスの神話の核心をなす場面である。そしてもうひとつには、これによって制度的モンタージュについての問いかけは、第三項の構造を見出すことが可能になるからである。つまり二つの要素を分離する、第三の審級の場所である。この観点からすると、鏡とは権力の機能の隠喩であり、またこの機能に結びついた規範的効果の隠喩である。西洋文明における国家原理の歴史を考えてみれば、これが重要な論理的確認であることがわかる。これは私の講演が照準を合わせることを目指した点のひとつである。

　世界という場面の外在性というステータスとしての――しかしこの外在性は各主体の内面的な場面における諸争点に取り込まれている――構成について問うことの論理的な必要性も含めて、このような構造の奥行きと複雑さを念頭に入れておけば、制度的モンタージュの究極目的を理解することも容易になるだろう。語る種が発明した偉大な道具であるこのモンタージュは、世界表象を無矛盾律で縛り上げるための、言わば紐だ。〈理性＝理由〉(Raison)を獲得し(それは世界の理由であり、生きる理由でもある)、外部／内部という二つの場面の混乱を防ぐこと。これこそが文明における同一性の象徴的次元であり、生の再生産の政治的・家族的・主観的水準に見出せるのは、この次元の様々な側面やその規範的な帰結なのである。

＊

フィクションと言語の関係を扱うこの研究においては、いつまで掘り進んでも底が見えない。ポール・ヴァレリーが「精神の政治学」と名づけたものを分析しようとして進んだ道のりを、たどりなおすことにしよう。ヴァレリーは哲学者でもなければ心理学の専門家でもなく、詩人すなわち人間の条件の知られざる源泉に通じた者であり、その資格においてこそ彼は、詩で世界を考察するという謎について思いをめぐらせたのである。彼は銀行の方策（信用《クレジット》）を法的な隠喩として駆使しつつ、「文明の建造物のすべてが要請する、精神の作品であるところの、信託的な構造」[＊16]について語った。「精神」とはここでは、詩人自身が見出した「想像的なもの」という意味で理解されたい。こうして私たちは、世界の

＊15　オウィディウス『変身物語』第三巻、三三九〜五一〇行〔中村善也訳、岩波文庫、一九八一年、一一三〜一二一頁〕。

＊16　Paul Valéry, « La Politique de l'esprit », *Essais quasi politiques*, in *Œuvres*, Paris, Gallimard, I (1957), notamment pp. 1033-1034〔「精神の政治学」『ヴァレリー全集11　文明批評』佐藤正彰ほか訳、筑摩書房、一九六七年〕.

物質性と言語との関係が、イメージへの信頼、真理への信を動員するという点で、実際に信用《クレジット》の問題であるということが分かりはじめる。言い換えれば、現実は信任される必要があるのであり、私たちがここでただならぬ関心を寄せるのは、まさしくこの信任のメカニズムである。なぜならこのメカニズムこそが、制度的な構築の基礎だからだ。

　仮にそうでないとすれば、つまり想像的なものなど関係がないとすれば、哲学的な表象の問題、つまり私たちが言葉を媒介として現実と取り結ぶ律法的関係の問題、言い換えれば制定された意味作用関係（言葉と物との規範的な結びつき）の問題は、問われることとすらないだろう。例えば「テーブル」というシニフィアンは、他には代えられないひとつのシニフィエに関係し、他ならぬまさにその対象を示す（テーブルは椅子ではない）。この観点からすれば、意味作用という制度が示しているのは、紙幣と同じく言葉にも、ひとつの強いられた流れがあり、誰もこの流れを自由に受け入れたり拒んだりすることができないということである。そればかりか、制定された意味作用こそが、詩的な放縦そのものの土台をなしているのだ。

　現実は世界の真理への信を基礎づける上演を必要としており、それがなければ語る動物の条件が崩壊するのは、疑いようのないことである。「世界とその構造の信託的な生」というヴァレリーの着想を、言語に応用してみることにしよう。すなわち、言葉は自らを保証する審級に寄せられた信頼の上に拠って立つ価値である。こうして再び権力についての問いが問われることになる。言語の諸範疇の価値は、誰によって保証されているのか？さらには文明における保証や価値とは、結局のところ何なのだろうか？

詩人の言説を出発点とした、言語についての極めて具体的ないくつかの指摘の、一見したところの単純さから、私たちはこうして、見放されたひとつの領域へと、避けがたく導かれることになる。それは確実にして定評のある科学からは見放された、知の郊外である。現代の西洋が経験している「価値の見直し」[*17]の広がりは、スターリン時代の全体主義事業にも比しうるものだ。自由主義・無政府主義的な様式をした現代のそれは、社会的モンタージュにおける無矛盾律の優位を槍玉にあげているのだ。

さらに補足しておこう。

講演で言及した同一性の核心——つまり身体と言葉の出会いの場としての性——が、大々的な脱象徴化のプロパガンダの標的になっている。この脱象徴化は、性の差異の言語

＊17　このようなプロパガンダのテーマの遍在ぶりは、とりわけ詩人オシップ・マンデリシュターム（一九三七年にロシアの収容所で死亡）の未亡人によって語られている。

的構造を解体し、同性愛イデオロギーの発明した、規範ならざる規範を課そうとしている。敗北を物語るのが、このことの法律への言い換えである。[*18] このようなモンタージュの瓦解は、いまや西洋の新たな文化的署名ですらあるが、それはかえって不壊の論理を（反対推論により）明るみに出すことにもなっている。同一性の指標が失われれば、問いかけが衰退し、主体への破壊的効果の副作用がもたらされるという、代償が待ち受けている。このような文明の退化は、まだフォーマットされてしまっていない精神の持ち主にとっては、保証人という問題設定を立て直すことの意義を物語るものである。

＊

同一性は階層状の建築である。この本源的な所与から出発することで、定礎権力という姿で最終的な保証人の役割を果たすような、頭上を覆う言説の存在を、人類学的に理解することも可能となる。「応用編」を締めくくるにあたって、このような重要な点にも着目しておきたい。それは社会の組織に内在する言語的な構造について、より深い理解を可能にしてくれる点である。「定礎」という概念を通じてこそ、社会的な絆の製造を具体的に理解することができるのだ。社会的な絆の製造とはすなわち、私たちが社会体と呼ぶものの仕組みを、系譜的論理に基づくイメージと言葉の組み合わせによって、つなぎとめる権力のことである。

定礎という、この文明の属性に立ち返ることにしよう。あれやこれを定礎するのではなく、絶対のうちに定礎するのである。超近代の断片化した個人主義社会においては、この機能を行使しているのは広告のプロパガンダである。これらのプロパガンダは、今日では神格化した諸々のイメージを操っている。〈科学〉や〈民主主義〉といった定礎的シニフィアンと結びついたこれらのイメージは、崇拝の対象となって、制度的な帰結をもたらすに至っているのだ。絶対的〈準拠〉の位置、ある種の因果的な歯止めの位置についているのは、こうした実体である。社会的な解釈活動の全体が、こうした実体によって引き受けられている。諸々の政治的・法的な解釈の正当性の源をなすのが絶対的〈準拠〉であり、それらの解釈はこの〈準拠〉により、まさに系譜的に産み落とされるのである。保証という問題が、諸々の制定された表象への信のうちに根を張っていることがこれでわかる。こ

＊18　例えば同性結婚を認めた二〇〇五年七月のスペインの法律は、言語学的な帰結を引き起こしている。理由書が述べるところによれば、改正された民法においては、夫と妻、父と母への言及は、配偶者および親（los conyuges o a los consortes）という言及に置き換えられるという。

うした表象は、直接的にせよ間接的にせよ、人間の再生産の根本に帰着するのであり、それらの根本を正当にもMuttertum〈母〉の支配〉とVatertum〈父〉の支配〉と名づけたのは、歴史家にして人類学者のバハオーフェンである。*19

国家概念がある種の一神教により支えられていることで特徴づけられる西洋の場合、キリスト教の祈りの文句は、現代世界の信託的な生にも、相変わらず応用可能である。つまり〈科学〉と〈民主主義〉は、〈神〉と同様、「誤りを犯すことも、私たちを裏切ることも」ないのだ。トーテム的文化の上演におけるアニミズム的な〈準拠〉の地位も、同じ文句によって完璧に説明されるだろう。これは幼児期における諸形象とも関係する題材である。これらの形象は精神分析によって、主体を構成する諸々のイメージのパズルとして復元された。主体を構成するイメージとはつまり、文明を構成するイメージでもある。あらゆる制度システムの舞台裏においては、姿を変えた〈父〉と〈母〉のオイディプス的形象に出くわすのであり、たとえ世俗化していても、それらは宗教的なものの素材なのである。

これまでに述べたことを図示するために、二枚の版画をお目にかけよう。（再びヴァレリーの言葉を借りれば）「世界とその構造の信託的生」を、バロック時代の様式で伝える十七世紀の版画である。これらは主体のレベルと同時に文明のレベルにおける信用《クレジット》の想像性を、ラディカルな演劇的表現で描き出したものである。一枚目の版画〔本書「イコノグラフィ」九九頁〕は、至高なる〈父〉としての〈権力〉の表象である。そこでは戴冠したユピテルが〈世界〉を統治している。二枚目の版画〔九八頁〕に描かれているのは、天上にある〈科学〉の玉座である。全能性の諸属性を備えた太陽としての〈母〉が、偉大なる知の技芸を開陳している。

これまでの重要な指摘を経て、私たちが足を踏み入れることになるのは、保証の家族的な構築のための戦略的な土壌である。より正確に言えば、子供が巻き込まれた権力構造のなかでの、一方および他方の性の親の錯綜した機能の制度の構築のための土壌である。だがここではそれに深入りしないでおこう。

欧米の支配権における「世界とその構造の信託的生」の練り上げ——つまるところ保証の言説の練り上げ——の工程の、めったに注目されないひとつの手がかりを強調しておく

＊19　『母権論』の中に見出せる表現。（Cf. *Gesammelte Werke*, II et III, réédition Bâle, Benno Schwabe and Co., 1948, pp. 103 *ss*, 631 *ss*.）（仏語訳は一九九六年に刊行された。*Le droit maternel*, Lausanne, L'Age d'Homme.）拙著『第二講』（とりわけ pp. 141-142）および『第四講』（とりわけ pp. 317-318）の注釈を参照のこと。

にとどめよう。それは美学の制定的機能に関係している。[20] 当たり障りのない問いを提起することで理解を求めてみる。ある社会が音楽やエンブレム、儀礼的な装置のないままに統治されたことはこれまで一度もなく、これからもおそらくないのはなぜだろうか。あるいは西洋ではダンスのエクリチュールが語られることがあっても、アフリカの様々な伝統における巧みな舞踏術については、なぜそれが語られないのだろうか。これは西洋の知識人が、自らの伝統から受け継いだ抽象主義的方法によってしか思考できないという点と関係している。臆見《ドクサ》によってかき消されているこれらの問いかけについては、ともかく次のことだけ指摘しておこう。すなわちこれらの問いかけは、決してふさがることのない傷口に触れているのである。不合理（中世人はそれを「文化（cultura）」と呼んだ[21]）に対する戦いが、ローマ＝キリスト教から世俗へと引き継がれて効果的に繰り広げられてきたにもかかわらず、決して閉じないその傷口とはつまり、近代性の只中における、野生の思考の存続である。

「法の目」というテーマに関するミカエル・ストレイスの近年の詳細な研究や[22]、虚構的な身体の解離を物語るその他の徴候が、その証拠となるだろう。

＊

結論に移るとしよう。

身体に関係する宗教的・政治的な隠喩——西洋風の野生の思考の証人たる隠喩——の長い歴史についての様々な資料について、熟慮してみなければならない。注目に値するのは、これらの象徴の形成（紋章というよく知られた分野にはとどまらない）の奇妙さ自体である。そこには社会的モンタージュの言語的構造が凝縮されているのだ。

本質的な何かが、すぐに私たちの注意を惹くことになる。特権的な器官——心臓、目、

＊20　この問題は拙著の以下の箇所で展開している。*Nomenclator. Sur la question dogmatique, II*, 2006, pp. 29 *ss.*

＊21　カノン法の定義によれば、この語は異教の諸作法を示す。つまり偶像崇拝の卜占に従ったり、星の筋道を問いあぐねたり、割礼を施したりすることである。『グラティアヌス教令集』（十二世紀）に収められた中心的な教会法令「セド・エト・イルッド（Sed et illud）」を参照されたい。翻訳は以下に収録。拙著『第一講』三五七頁。そこでは「文化（Cultura）」が総称となり、後に「野蛮」と形容されるようになる非キリスト教の諸規定を包括するものとなるだろう。

＊22　Michael Stolleis, *Das Auge des Gesetzes. Geschichte einer Metapher*, Munich, Beck, 2004 (*L'Œil de la loi. Histoire d'une metaphore*, Paris, Mille et une nuits, 2006).

あるいは足や手――は、虚飾への情熱からではなく、制度的言説の構築の能率を基礎づけるため、そして最終的には法を述べる者たちの宣告の合法性と正しさを保証するために上演されたのである。保証とはこの場合、諸々の儀礼的な手続きの帰結であり、それらの手続きは、第三項の場という手の届かない権力の場（鏡にも似た）を、儀礼的に指し示し、任命するのだ。それはあたかも、一見あまり合理的ではない手法を儀礼が用いることに表れているような、一種の境界の拡張により、やがて国家と呼ばれるであろう審級の諸々の「謎」（カントロヴィッチのことばを用いている）が、夢や幻想の劇場にも比しうるカオスから丹念に抽出された後に、語りうるもの・思考しうるものとなったかのようだ。夢や幻想の劇場とは、政治的〈理性〉の、そして〈理性〉そのものの錯乱的坩堝を確かに構成する、全能性の世界である。こうした見方からすれば、制度的なものとは何よりもまず、隠された演劇性の産物なのだ。

　以上の指摘は、中世カノン法の伝統に関わる別の確認とも結びつくことになる。教皇の胸が（かつてのローマ皇帝の胸のように）神話的に法の書庫の源であり、高位聖職者たちが『雅歌』の最愛の子〔キリスト〕の眼差しに同化するとすれば、このような法や聖書の原典を動員する詩的隠喩の装置は、全体としてひとつの屋台組みの一部をなしており、その屋台組みの頂点に書き込まれているのは、「神の目」という至上の隠喩である。[*23] この隠喩は解釈者たちに、絶対の場所、つまり主体と無の間に介入する象徴的形象たる、保証人の場所を告知するのだ。

　前近代の理論家による、このような至高の権力の練り上げが示しているのは、現実を解体してそのモンタージュを示そうとするシュルレアリスムに着想を得た絵画に見て取れるものにも似た、稼働中の構造的論理である。ヨーロッパとは異質の諸文明においては、まったく同様の論理が、動物や植物の身体性から借り受けた隠喩を通じて、トーテムという形での絶対の場所の上演を生み出している。これは前述したような系譜的審級であり、そこから導き出される一連の規範的効果は、原則として私たちになじみの深い法的効果と同様のものである。ラテン語から受け継がれたこの絶対（absolu）という語については、文字通りの意味を思い起こしておかなければならない。つまりあらゆる債権や負債から解放され、免れたもののことである。神学においては、それはすなわち一神教の神である。民主的主権の政治理論においては、人民がそれにあたる。

＊23　「神の目」という隠喩は、中世カノン法学者たちの書き物、例えば『グラティアヌス教令集』(distinction 45, canon 9) にも見出すことができる。

イコノグラフィ

美学的機能の問題に立ち入ることが、このイコノグラフィの目論見である。つまり個人のためばかりではなく、社会のためにオブジェ＝イコンを供給する、美学的機能である。

この点に関しては西洋文明は、古代の文化や、民俗学により目録化された諸文化が、文字の書き込まれ、彫られ、刻まれた諸形態、あるいは格言の彫り込まれた装身具を生み出すに至るまでの道のりを、単になぞらえているにすぎない。ギリシアではこれらすべてをひっくるめて、フィラクテリウム（phylactères）*1〔魔よけ〕という、後に宗教用語となった総称語で呼び習わしていた。ラテン語の伝統では、これはお守り（amuletum）のことである。

社会的場面における幻想的なものを表したこれらの表現は、主体のエコノミーにおける幻想の審級に関係している。夢の不合理と同じ不合理が問題になっているのだが、この不合理は、文化に取り込まれることにより、言わば解熱されている。この分野で理解の手助けとなるのは精神分析である。語りえぬものからもぎ取られたかのようなフィラクテリウムは、様々なオブジェが媒介となって具象化したイメージであり、「見張りに立つ」という、そのオブジェを名指す言葉そのもののなかに含まれた問いを提起している。では何を守り、何を擁護するというのか?

「世界とその構造の信託的生」(ヴァレリーの決定的な表現を想起している)に通じていれば、答えるのは容易である。つまりそれはモンタージュが「保たれて」いるということの保証なのだ。言い換えれば、これらのオブジェ＝イコンは証拠となる対話者として上演され、そしてそれを介して固有の同一性の表象が守られるのである。こうして私たちは、人間/世界の対話という、西洋の合理的神話の支配下では非常に理解のしにくい問題設定に出くわすことになる。

このような問いを美術史のなかに導入するとすれば、すなわちある文明の美的な生産物全般が、知らぬ間に自己保存という工程をたどっている公認の主体のレベルとは別のレベルで、お守りや魔よけ、装身具の性質をも持ちうると考えるならば、答えはおのずと知れてくるであろう。つまり社会は自分自身の存在の表象を模索し、美術を生産することにより、自らを同一性の原理の上に定礎されたものとして保持しているのである。この意味で美術は見張りに立っているのだ。

　このような表象の事実には、目もくらむような、とても理解の及びそうもない何かがある。しかし伝統的な図像的発明（以下に掲げる版画はその証左である）だけでなく、今日の常軌を逸した広告の実践をも、自らが存在していると確信するための掘り出し物を決して手放さない人類の常道と関連づけることができるのならば、その意義も知られてこよう。

＊1　phylassô（見張りに立つ、守る、保護する）からできた実詞。ユダヤ教の典礼では、トーラーの唱句が書かれ、祈祷中に額や腕に巻きつける、羊皮紙や犢皮紙の紐を指す。キリスト教ではこの語は聖遺物箱に関係している。その意味合いの概要については以下を参照。A. Blaise, *Dictionnaire latin-français des auteurs chrétiens*, Tuunhout, Brepols, 1954, v° *Phylacterium*. この概念については拙著の以下の箇所を参照。『第一講』一三 - 一五頁（「大英博物館収蔵の古代の装身具についての注解」）。

自らの保守者たる西洋
証左となる三つの図版

十七世紀の版画芸術からの三つの例が、西洋の同一性を構成する系譜的なイメージの様式的な保守を物語ってくれるだろう。

1．イエズス会士アタナシウス・キルヒャーによる『アルス・マグナ・スキエンディ（*Ars magna sciendi*）〔大いなる科学の技芸〕』の冒頭を飾る版画，1669年のアムステルダム版．〈科学〉の玉座には，太陽としての〈母〉が，全能性の諸属性を身につけ，偉大なる知の技芸を開陳している．

2．17世紀ドイツの版画，どの書物に収められていたのかは不明．世界を統治する戴冠したユピテルの姿をした，神話的な至高の〈父〉が上演されている．

以上の二つの版画については，本書の「応用編」の84-85頁において，Muttertum（〈母〉の帝国）とVatertum（〈父〉の帝国）という系譜的カテゴリーとの関連で言及した．

3．以下の書物を出典とするイギリスの版画．George Wither, *A Collection of Emblems*, 1630. ローマ＝キリスト教に基づいた，ヨーロッパ国家のイコン的な表象が表明されている．つまり〈書物〉と〈刀〉の主人たるカエサルである．

訳者あとがき

ピエール・ルジャンドルの書物を読み始めて、すでに二〇年近くが経とうとしているが、相変わらず「歯が立たない」と感じさせられることのほうが多い。もちろんそれは、この間にルジャンドルの思想の基盤をなす法制史も精神分析学も体系的に修めることのないいま、不真面目な読者であり続けてきてしまった筆者の怠惰と無能力に主として起因することだとはいえ、それを差し引いたとしても、ルジャンドルの書く文章には、独特の読み難さが備わっていることは否めない。この難解さは、言語そのものに備わった規範性を、言語によって記述する、すなわちその規範性の内側から捉えようとすることに伴う必然的な困難に由来するものであるのはもちろんだが、時として「ルジャンドル節」とでも言いたくなるような、唐突に飛躍する議論や、不意に挿入されたまま展開されることなくとどめ置かれる論点、さらには同時代の人文・社会科学の論壇に向けられた、歯に衣着せぬ批判なども、彼の理路をいっそう晦渋なものにしてしまっているのは確かである。幸いにして、若い学生たちに向けての講演を元にした本書では、そうした「ルジャンドル節」は影を潜めているものの、その独特の語り口には、戸惑いを覚える向きも少なくないかもしれない。そうした向きのために、ルジャンドルの議論にすでに馴染みのある読者にとっては蛇足となろうが、少しばかりの道標を立てることを試みてみたい。

主体と文化の構造的な相互帰属

中世ヨーロッパの教会法学者たちによるローマ法の受容にかんする博士論文（一九六四年刊行）からキャリアをスタートさせたルジャンドルが、ラカン派の精神分析学に接近した一九七〇年代を経て、現在もなお継続中の『講義（ルソン）』と呼ばれるシリーズを一九八〇年代に刊行し始めて以来、一貫して考察の対象としているのは、一言で言えば「主体と文化の構造的な相互帰属」（本書七五頁）という問題である。主体は社会に帰属することにより主体として成立し、社会もまた主体を抜きにしては存立しえない。このような主体と社会という二重の視角が、端的に言えば精神分析家かつ法制史家という彼の二つの肩書きに対応しているのであり、また本書前半の講演部分の「第二の方向」と「第一の方向」とにも、それぞれ対応している。ソルボンヌの面前に建つ伝統あるルイ・ル・グラン高校の準備学級（エリート養成機関であるグランド・ゼコールへの入学を準備する課程であり、高校といっても通うのは日本で言えば大学一、二年生に相当する年齢の者たちである）の生徒たちに対してなされたこの講演では、経済や政治を学ぼうとする若者たちを慮ってか、社会あるいは制度の問題からまず語り始められているが、ここでは議論を整理するために、「第二の方向」で取り上げられている問題、すなわち主体の問題から検討していくことにしよう。

＊

一匹の犬が「犬」に見えるというのは、きわめて驚くべきことである。パリで開かれたとあるシンポジウムにパネリストとして登壇したルジャンドルの口から発された、このような主旨の発言が、筆者の記憶には深く焼き付いている。本書のなかでもルジャンドルは、「テーブル」という語が「他ならぬまさにその対象を示す」（八〇頁）ことの驚異として、同様の趣旨の発言を繰り返している。犬にせよテーブルにせよ、それが他ならぬ「犬」や「テーブル」であるということ、ルジャンドルはそこに「私たちが言葉を媒介として現実と取り結ぶ律法的関係」（八〇頁）を見て取る。それが律法的な関係であるというのは、二つの意味においてである。ひとつには、テーブルが「テーブル」であり、「椅子」ではないということが、誰にとっても真理でなくてはならないという意味においてだ。ある者が「テーブル」と呼ぶものを、他の者が「椅子」と呼んだのでは、様々な不都合が生じるのは言うまでもないだろう。したがって言葉と物との結びつきは、ある種の強制力を伴った法として機能しなくてはならない。しかしルジャンドルのいう言葉の規範性とは、ある意味で自明とも言える、こうした共同体の規範としての言語という側面にのみ限られた問題ではない。テーブルが「テーブル」に、犬が「犬」に見えるというのは、言葉を話す者に備わった特権的な能力というよりも、むしろ決定的な喪失であると考えるべきである。私たちはそれらを、「テーブル」や「犬」としてしか見ることができないのだ。つまりそれらが「テーブル」や「犬」になる前にはそうであったはずの物質性は、言語を得てしまった私たちには、すでに手の届かない彼方に失われてしまっている。私たちの面前に広がるのは、「テーブル」や「椅子」、「犬」や「猫」のような表象で埋め尽くされた世界であり、このような世界で繰り広げられる私たちの生を、ルジャンドルは「表象の生」と呼ぶ。私たちの目に映るものすべては表象であり、なるほど詩や芸術は時としてその裏にある物質性を垣間見せてくれることもあるが、ルジャンドルが正しく指摘するように、そのような「詩的な放縦」にしても、「制定された意味作用」（八〇頁）を土台とするものでしかない。私たちが物質性を決定的に喪失し、「表象の生」を生きていること、これこそがまさに「驚異」なのである。

だがなぜこの喪失が、「規範」と関係するのであろうか。それは「喪失」とは「分割」の問題であり、さらには「禁止」の問題だからである。この点をルジャンドルは、「鏡」という隠喩で説明する。鏡に映る自分の姿とは、「犬」や「テーブル」と同じような表象であり、自分「そのもの」とは決して同じではない。鏡に映る像は左右が反転しているという単純な事実ひとつをとってみても、そのことは明らかであろう。にもかかわらず私たちは、その像を紛れもない自分自身の姿として認識してしまう。たとえば、最近では見かけることが少なくなってしまったが、一時期のデジタルカメラには、撮影者自身を撮影するのを容易にするため、レンズを一八〇度回転させることのできる機種があった。これによって撮影者は液晶画面に映る自分の姿を確認しながら撮影を行うことができるわけだが、多くの機種ではその際に、液晶画面がわざわざ左右反転するようになっていた。つまり液晶画面を人工的に鏡像に仕立て上げることで、撮影者が自分の姿をそこに見出しやすくなるようにできていたのである。これは私たちが、客観的にはより「自分自身」に近いはずの映像よりも、鏡像の方に自らの姿を認めてしまうことの、典型例だと言えるだろう。そして鏡像に自らを見出すとき、私たちは「鏡像」と「自分自身」とに分割されている。つまり私たちは鏡像という他者を介して、その鏡像の源にあるはずの、自分では見ることのできない自分自身の同一性を、初めて確認することができるのだ。ルジャンドルが、同一性（アイデンティティ）とは分割によって構築されると述べるのはこのためである。

さらにルジャンドルは、このような分割によって構成される同一性の原理を、系譜の問題へと接続する。系譜の問題とはルジャンドルにおいては、すなわち起源の問題のことである。つまり「私は誰か」という同一性（アイデンティティ）についての問いは、「私はどこから来たのか」という起源についての問いに言い換えることができるのだ。得体のしれない人間のことを「どこの馬の骨だ」などと言うように、あるいは日本語でアイデンティティの訳語としても用いられる「身元」という語が端的に示すように、同一性の問題が、その人物の由来の問題になるというのは、容易に理解できることだろう。「お前は誰か」と問われた際に、そうした由来を証明してくれる書類などを示すという行為は、洋の東西を問わず、普遍的に見られるものである。現代であれば運転免許証やパスポートなどを示すことによってなされているこうした身元確認の行為は、そのような書類がなければ、私たちは自分で自分の同一性を証明することすらできないということを意味している。自らのうちに自らの根拠を持たない私たちの同一性は、この意味でも分割されていると言えるだろう。免許証やパスポートが、そうした私たちの身元の後ろ盾となることができるのは、もちろんそれらの書類が「信用」されているからである。つまり私たちが同一性を持つということは、今日であれば国家に代表される何らかの権力への「信」に依拠した構造の中に、取り込まれているということなのである。

だがそもそもなぜパスポートは信用されるのだろうか。国家が発行した正式な書類だからだろうか。ならばその国家が信用されるのはなぜだろうか……。「信」の根拠を追求しようとすれば、このような堂々巡りに陥るのは必然的であり、何らかの「歯止め」によって、この堂々巡りは断ち切られなければならない。この「歯止め」となるのが、ルジャンドルの言う絶対的〈準拠〉である。準拠と言ってもそれは硬い岩盤の上に築かれた土台のようなものではまったくなく、言わば泥沼に突き刺さった一本柱、あるいは奈落の上に渡された一枚板のようなものである。こうした根拠なき根拠を支えるのが、エンブレムや儀礼などによる演出であり、ルジャンドルによればこれは、あらゆる神話に見られる構造である。ただ演出されることによってのみ成り立つこうした虚構的な構造をルジャンドルは、「ドグマ（見えるもの）」という語の本来の意味を意識しながら、「ドグマ的建造物」と呼ぶ。彼によればあらゆる規範はこうしたドグマ的な構造を持つのであり、それは「トーテム」や様々な神々など、文化に応じて異なるイメージを絶対的〈準拠〉としながら維持されてきた。主体が同一性を持った主体として成立するのは、この構造の中に場を持つことによってであり、またそうした主体が再生産されることにより、構造自体も再生産される。これこそがルジャンドルの言う、「主体と文化の構造的な相互帰属」のあらましである。

ユダヤ＝ローマ＝キリスト教文明

以上のことが、「話す動物」としての人間にどこでも共通して備わった条件であるとすれば、本書の講演部の前半（「第一の方向」）で取り上げられているのは、そうした共通基盤の上に繰り広げられてきた、西洋の特殊事情についてである。単純化との誹りを受けるのは覚悟の上で、こちらについても少し整理してみることにしよう。

講演の冒頭でルジャンドルが強調するのは、「ユダヤ＝キリスト教世界」などと呼び習わされることもある西洋世界が、実は「ユダヤ＝ローマ＝キリスト教」的な文明であるということである。ここで「ローマ」と言われているのはもちろんローマ法、それも中世ヨーロッパの教会法学者たちによって再発見されたローマ法のことである。ルジャンドルはこのローマ法を、ユダヤ教のトーラーや、キリスト教の聖書と並び立つ、西洋にとっての三大聖典とみなしているわけだが、それが言わんとすることを理解するためには、一二世紀になされたこのローマ法の再発見から、さらに千年ほどさかのぼって、「キリスト教とユダヤ教の戦い」（三〇頁）にまで立ち返る必要がある。

ユダヤ教の一分派として登場したキリスト教は、ユダヤ教の教義との差異化を図ることにより、独自の宗教としての地位を確立していくことになる。六世紀のビザンティン皇帝ユスティニアヌス一世による、「ユダヤ人は狂った解釈に身をゆだねている」（三〇頁）という言葉に集約されるような、この差異化の試みは、ユダヤ教による聖典解釈を「非理性」の側に位置づけようとするものだった。キリスト教は、聖典を字義通りに解釈するユダヤ教を「直解主義」として批判し、たとえば割礼という、身体に直接刃物を当てる儀礼を禁じて、より「精神的」な儀礼である洗礼を導入する。書かれたものこそが絶対であったユダヤ教に対して、キリスト教ではそれをより柔軟に解釈することが可能である。なぜならキリスト教においては、キリストこそが「書物そのもの」、「生きた書物」として、書かれたものの上に君臨しているからである。

しかしこのことは結果として、聖書の社会的な規範としての価値を減じることになった。聖書は字義通り厳格に従うべき規範ではなく、「精神的」な教えのようなものに変質する。ルジャンドルが、「キリスト教の起源のテクスト（福音書と使徒たちの著作）は、社会的規則をもたない」（三二頁）と述べるのはこのためである。こうして生じた規範の空隙は、いわゆる「蛮族の法」によって部分的には補われ、たとえば裁判では「神判」によって判決が下されていた。しかしキリスト教がこの規範の空隙を真の意味で埋め合わせるには、「ローマ法の再発見」を待たなくてはならない。

ルジャンドルが「一二世紀解釈者革命」とも呼ぶこの再発見とは、具体的にはいかなるものだったのか。ルジャンドルがほぼ生涯をかけて向き合っているこの問題を簡潔に説明することは筆者の手に余るし、そもそも不可能であるが、現時点での『講義』シリーズの最新刊であり、本書の内容と重なる部分も多い『第九講　西洋のもうひとつの聖書』なども参照しながら、要点をかいつまんでおくことにしよう。

神聖ローマ皇帝と教皇との間の叙任権闘争が、一一二二年のヴォルムス協約により教皇側の勝利に終わったこの時代は、教権の強大化によって銘記される時代であった。この教権の制度的な基盤を確固たるものとするために、教会法学者たちが利用したのがローマ法であり、西ローマ帝国の崩壊以降、六世紀にわたってほとんど埋もれかけていたこの法体系が、突如として掘り起こされたことは、文字通りのルネサンスであった。教会法学者たちにとって好都合だったのは、ユダヤ教あるいはイスラームとは異なり、古代ローマの神々が、規範を制定する存在ではなかったということである。ルジャンドルによれば、ローマの法とは、人間だけではなく神々をも律していたのであり、「神々とは言わば市民」[*1]だった。つまり古代ローマ法は「神の顕現なき宗教システム」[*2]に帰属するものであったが故に、教会法学者たちはそれを換骨奪胎して、キリストに体現されるロゴスの秩序に組み入れることができたのである。本書でルジャンドルが「株式公開買い付け（TOB）」という隠喩で説明しようとしているのは、このような事態である。

こうしてなされた「ローマ法の継受」は、法制史の文脈では、教権による王権の模倣として、つまり教皇が皇帝化した出来事として理解されるのが一般的である。しかしルジャ

＊1　Pierre Legendre, *Leçons IX. L'Autre bible de l'Occident : le monument romano-canonique*, Paris, Fayard, 2009, p. 166.
＊2　*Ibid.*, p. 165.

ンドルからすればこの理解では不十分である。ユダヤ教のトーラーやイスラームのコーランとは異なり、ローマ法が神々による後ろ盾を持たないとすれば、それは何によって根拠付けられているのだろうか。ルジャンドルによればそれは「理性」である。たとえばローマ法は、身体への試練などの「不合理」な方法によって判決を下す「神判」に代わって、証人や物証などの「合理的」な証拠に基づく裁判を導入した。ルジャンドル曰く、「神ではなく合理性に由来する規範」*3という理念こそが、ローマ法の果たした重要な貢献のなかでも、もっとも重要なものであり、なおかつもっとも見過ごされてしまっているものである。「理性」のみに依拠した規範は、たとえ教権が弱体化しようとも、その規範としての力を失うことはない。つまり「解釈者革命」によりもたらされたのは、「法的な領域の、歴史を超えた自律性」*4である。このような自律した法システムは、いつの時代にも、またどんな場所にでも応用できる、実用的な規範として機能するようになる。ルジャンドルが「解釈者革命」を、「国家」さらには「マネージメント」の重要な起源のひとつとみなすのはこのためである。

「西洋の合理的神話」による「抑圧」

しがしながら、「理性」に基づく規範といえども、それが「信」を置かれなければ機能しない以上、ドグマ的な構造を持つことに変わりはない。〈理性〉あるいは〈科学〉は、〈神〉や〈トーテム〉に代わって、絶対的な〈準拠〉の位置についただけなのだとも言える。言い換えればこの法システムは、「西洋の合理的神話」[*5]である。いわゆる「グローバル化」の訪れとともに、この法システムが「地球上のどこでも利用できる冷凍パック」（三四頁）のように輸出されるようになると、単なる「管理経営」の道具であったはずのこのシステムは、その土地に固有の「ドグマ的建造物」を、徹底的に破壊し尽くし、予想もできなかったような副作用を、あちこちでもたらすことになる。かつて国連のプロジェクトの一員としてアフリカに赴いた若きルジャンドルが、近代化を推し進めようとする同僚たちに向けて発したという、「イスラームは戻ってくる、刃を携えて」との警句は、こうした破壊的な効果を予見してのものであったに違いない。

　そしてこのような破壊的効果は、イスラームなどの他の諸文明に対してのみもたらされ

＊3　*Ibid.*, p. 163.
＊4　*Ibid.*, p. 170.
＊5　*Ibid.*, p. 351.

ると は限らない。この「西洋の合理的神話」は、西洋自身のドグマ的構造を、言わば内側から瓦解させる。なぜならこの新たな神話は、自らが神話であることを認めようとしない、あるいは認めることのできない神話だからである。主体のレベルではそれは、「分割」の否定として表れることになる。人間が「分割」されることにより「同一性」を持った主体として生成するなどという不合理は、「客観性」を信条とする制度には認めがたいことだからだ。したがってこの制度のなかでは、人間は生物学的に生まれるだけで、そのまま主体であるということになる。

しかしながら、「分割」は「話す動物」としての人間が「同一性」を持った主体として成立するための不可欠の条件である以上、そして人間が少なくとも今のところは言葉を話すことをやめていない以上、「分割」は常に／すでに生じているはずである。にもかかわらず、あたかも「分割」などないかのように振る舞う西洋の諸制度を、ルジャンドルは「否認」「抑圧」「検閲」などの精神分析の用語によって批判する。このような「否認」や「抑圧」は、抽象的な議論にとどまるものでは決してなく、具体的な場面において確認することのできるものである。たとえばフランスにおける「出生確認」という制度の歴史を考えてみよう。一九世紀初頭、ナポレオン民法典とともに成立した民籍制度は、それまでの教会の洗礼者名簿を、基本的に引き継ぐものだった。新たに生まれた者が民籍に登録されるための手続きである「出生届」は、教会における洗礼がそのまま世俗化したものであり、「誕生から三日以内」という洗礼の規定を引き継ぎ、赤ん坊を役場に持ち込んで提出されることになっていた。つまり赤ん坊の行き先が、教会から役場に変わったのが、民籍の制度だと言える。洗礼を受けることによって新生児は初めてキリスト教徒となったのと同様に、出生届が出されることによって、新生児は初めて「市民」というステータスを獲得する。生物学的な誕生に、民籍簿への登録という、言わば「第二の誕生」が付け加わることで、「市民」は初めて成立する。生物学的な身体と、民籍簿上の擬制的な人格との分節によって成り立っているのが、制度的な人間の同一性であり、発足当初の民籍は、このような「分割」の制度を、キリスト教世界からそのまま引き継いでいたのである。[*6]

だがこうした「分割」は、やがて徐々に「抑圧」されていくことになる。役場において役人によってなされることになっていた出生確認は、出産の現場で医師によってなされれ

＊6　「出生確認」の制度の歴史の詳細については、以下の拙論を参照していただきたい。橋本一径「名・身体・同一性――19世紀フランスにおける新生児の出生確認」、『19世紀学研究』第4号、二〇一〇年、九三―一〇五頁。

ばよいことになり、生物学的な誕生と制度的な誕生とが、こうして次第に重ね合わされていく。しかしこのように生物学的な誕生をそのまま制度的な誕生とみなすにしても、ではその誕生とは、受精の瞬間なのか、妊娠数カ月目なのか、産声を上げてからなのか。「誕生」とは生物学的に定義されるものではなく、ある時点において誕生の「前」と「後」を人為的に「切断」することで、初めて定まるものである。医師による出生の確認とはつまり、かつての洗礼がそうであったように、人間を制度的に定礎する儀礼的・象徴的な行為に他ならないはずである。にもかかわらず今日では「誕生」は、あたかも客観的・科学的な出来事であるかのように見なされている。まさしく「分割」は「抑圧」されているのである。そのことの矛盾は、たとえば生殖医療の現場などにおいて、ヒト胚は「人間」であるのかどうかというような、解決不能の問題の形で回帰することになる。

手前味噌になり恐縮だが、筆者が考察の対象としている「指紋」もまた、このような西洋の「理性神話」による抑圧という文脈で捉えることのできるものである。人間が生まれながらにして制度的な主体であるとすれば、誰にでも生まれながらにして備わっている「指紋」は、そうした人間の「同一性」の指標としては理想的なものであるはずだからだ。指紋によって「同一性」は、「鏡」による「分割」のようなプロセスなど必要としない、生まれてから死ぬまでの身体的な同一性に還元されてしまう。とはいえ実際には指紋は、あらかじめ採取して、名前などと組み合わせて登録しておかなければ用をなさない。同一性はここでも相変わらず、「身体」と「名前」とに分割されたままなのである。仮に登録にミスが生じれば、自分の指紋が別の誰かの同一性の証拠とされてしまいかねないし、万が一悪用されれば、自分の身に覚えのない場所から、自分の指紋が発見されるという恐れもある。指紋の実用化の直後から、探偵小説などの多くのフィクションが物語ってきたのは、こうした悪用によって無実の人間に罪が問われるという冤罪事件であった。「同一性」の確固たる根拠となるはずの指紋が、逆に人々の間に「同一性」の不安を引き起こしたのだ。[*7]

ルジャンドル自身もまた、医学の進歩などによってもたらされる「同一性」の混乱について、具体的な事例を挙げながら言及することがある。本書において取り上げられているのは、女性から男性に性転換した人物が、自分の子供の母親ではなく、父親として改めて養子縁組することを求めたという、ケベックにおけるケースである。「この子供にとって、

＊7　指紋をめぐる問題の詳細については、以下の拙著を参照していただければ幸いである。橋本一径『指紋論』、青土社、二〇一〇年。

母親はすでに死んでいる」(四二頁)として、当該の人物の訴えを追認したケベックの法廷に対して、ルジャンドルはそれが「親子関係の原理そのもの」への攻撃であるとして、激しく批判する。一見するとここでのルジャンドルは、性転換という言わば「秩序の乱れ」に眉をひそめ、伝統的な「親子関係」への回帰を説く、保守論者の姿と重なってしまうかもしれない。しかしルジャンドルが批判するのはむしろ、性差を身体的なものに還元しようとするイデオロギーこそが、「一二世紀解釈者革命」にまで遡るような、「西洋の合理的神話」の系譜に、知らず知らずのうちに連なってしまっていることである。だとすれば「保守的」なのは、むしろそうしたイデオロギーのほうであろう。自らも「ドグマ的建造物」の上に立ちながらも、そのことを否認・抑圧し、挙句の果てには自らが拠って立つその建造物自体を破壊しようとするような科学イデオロギーの動きを、時としてルジャンドルが「社会の自殺」と呼ぶのは、極めて理に適ったことである。

「解釈者革命」の必然的な帰結とも言えるこうした現状に対して、しかしルジャンドルは、具体的な処方箋を与えてくれるわけでは必ずしもない。そのことに不満を感じる向きもあるかもしれないが、ルジャンドルの理路を引き継ぎ、それを具体的な場面へと展開させるような仕事は、むしろ読者である私たちに委ねられた課題だと考えるべきだろう。幸いにして、そのような試みは、英米やイタリア、そしてもちろん日本でも、すでに始まっており、またドイツではルジャンドルの著作の翻訳の作業が進みつつあるとも聞いている。フランス国内の近視眼的な学派争いからは比較的自由なこうした土地でこそ、ルジャンドルの仕事が広がりを持つ可能性は大きいと言えるだろう。

最後に本訳書の底本として用いた原書の書誌を挙げておこう。Pierre Legendre, *La Balafre. A la jeunesse désireuse…*, Paris, Mille et une nuits, « Les quarante piliers », 2007. タイトルの「向こう傷（balafre）」とは、顔の前面に受けたものであるために（鏡を介さないかぎり）自らには見えない傷、すなわち「同一性」の成立の条件としての「裂け目」や「分割」という意味合いが込められたものである。訳書ではこの意味合いを生かしつつ、日本の読者にとってより内容を捉え易いタイトルをとの書肆の意向にも配慮し、『同一性の謎――知ることと主体の闇』とした。なお本書の上梓後もルジャンドルは、先述した『講義』シリーズの最新刊や、講演集（『西洋をエンジン・テストする』、森元庸介訳、以文社、二〇一二年）や、すでに邦訳もあるインタヴュー集（『ルジャンドルとの対話』、森元庸介訳、みすず書房、二〇一〇年）、さらには既刊書の増補版の刊行など、齢八〇を過ぎてもなお、旺盛な執筆活動を続けている。また映画作家のジェラルド・カイヤとの共同作業により制作されている映像作品は、一九九六年の『西洋的人間の製造（*La Fabrique de l'homme occidental*）』に始まり、『国家の鏡（*Miroir d'une nation*）』（二〇〇〇）、『世界の領有（*Dominium mundi*）』（二〇〇七）と、現在までに三作を数えているが、いずれも非常に興味深い仕上がりであり、「モンタージュ」などの映画に由来する用語を著作でも駆使するルジャンドルの思想は、むしろ映像でこそ十全に展開されうるのではないかとすら感じさせるほどである。この三作はいずれもフランスでは現在のところ容易にＤＶＤが入手できるようになっているが、日本でもいずれ本格的な紹介がなされることを期待したい。

本書の刊行にあたっては、ひとえに訳者の怠惰と力不足の故に、以文社の宮田仁さんに、多大なるご迷惑をおかけすることになってしまった。この場を借りて改めてお詫びを申し上げると同時に、そのご海容に深く感謝する次第である。

二〇一二年三月

橋本　一径

著者
ピエール・ルジャンドル（Pierre Legendre）
1930年，ノルマンディー生まれ．法制史家・精神分析家．1957年パリ大学法学部で博士号を取得．民間企業，ついで国連の派遣職員としてアフリカ諸国で活動したのち，リール大学，パリ第10大学を経て，パリ第一大学教授と高等研究実習院研究主任を96年まで兼任．分析家としてはラカン派に属し，同派の解散以降はフリーランスとなる．中世法ならびにフランス近代行政史についての多数の研究を発表したのち，とくに70年代以降，主体形成と規範性の関係を問いながら，西洋的制度世界の特異性と産業社会におけるその帰結を考察する作業をつづけている．
既訳書に『ロルティ伍長の犯罪』（西谷修訳，人文書院，1998年），『ドグマ人類学総説』（西谷修監訳，平凡社，2003年），『西洋が西洋について見ないでいること』（森元庸介訳，以文社，2004年），『真理の帝国』（西谷修・橋本一径訳，人文書院，2006年），『ルジャンドルとの対話』（森元庸介訳，みすず書房，2010年），『西洋をエンジン・テストする』（森元庸介訳，以文社，2012年）．

訳者
橋本一径（はしもと　かずみち）
1974年，東京都生まれ．東京大学文学部思想文化学科（宗教学・宗教史学専修課程）卒業．東京大学大学院総合文化研究科博士課程修了．早稲田大学文学学術院准教授．専門は表象文化論．著書に『指紋論――心霊主義から生体認証まで』（青土社，2010年），訳書にジョルジュ・ディディ＝ユベルマン『イメージ，それでもなお』（平凡社，2006年）などがある．

同一性の謎
――知ることと主体の闇

2012年5月10日　第1刷発行

著　者　ピエール・ルジャンドル

訳　者　橋本一径

発行者　勝股光政

発行所　以文社
〒101-0051 東京都千代田区神田神保町2-7
TEL 03-6272-6536　　FAX 03-6272-6538
印刷・製本：シナノ書籍印刷

ISBN978-4-7531-0301-0

人権の彼方に——政治哲学ノート

スペクタクルな現代政治の隠れた母型を暴く，フーコー以後の〈生政治〉の展開.
ジョルジョ・アガンベン著　高桑和巳訳　A 5 判 184 頁　定価：2520 円

過去の声——18 世紀日本の言説における言語の地位

18 世紀日本〈徳川期〉の言説空間の言語を巡る熾烈な議論がなぜ日本語・日本人という〈起源への欲望〉を喚起してしまうのか.「日本思想史」を塗り替える丸山真男以来の達成.
酒井直樹著　酒井直樹監訳　A 5 判 608 頁　定価：7140 円

希望と憲法——日本国憲法の発話主体と応答

多義的な日本国憲法の成立の国際的背景を解析し，いま国際的な視野から読み解き，未来へと拓いて行くために必要な要件と，新しい歴史の大きな語りを模索する画期的な憲法論.
酒井直樹著　四六判 312 頁　定価：2625 円

正戦と内戦——カール・シュミットの国際秩序思想

一回的な場所に根差すことの不可能性に否応なく繰り返し直面し，一回性と普遍性とのはざまで揺れ動き続けたシュミット．このアポリアこそシュミットの可能性の中心であった.
大竹弘二著　A 5 判 528 頁　定価 :4830 円

金融危機をめぐる 10 のテーゼ——金融市場・社会闘争・政治的シナリオ

金融資本主義とも認知資本主義とも言われる近年の資本主義の新たな永続的危機の構造を冷徹に解明し，この永続的危機を乗り越えるための生き方を模索する画期的な政治経済学.
A・フマガッリ＆S・メッザードラ編
朝比奈佳尉・長谷川若枝訳　A 5 判 272 頁　定価：3360 円

増補〈世界史〉の解体——翻訳・主体・歴史

〈壁〉の崩壊から 9•11 にいたる 10 年間は，まさに世紀転換の国際関係の激変であった．変容する世界編成のなかで，新たな多元的な〈世界性〉をどのように編み直して行くのか？
酒井直樹＆西谷修著　四六判 384 頁　定価 :2730 円

脱 帝国——方法としてのアジア

アジアにおけるカルチュラルスタディーズの第一人者が，欧米理論を応用するのでなく，アジアの国同士の比較・検証によって新たな政治の可能性を押し開く画期的理論＝実践書.
陳光興著　丸川哲史訳　A5 判 304 頁　定価：3360 円

現代思想の 20 年

冷戦終焉の直後から大震災の直前まで思想誌『現代思想』に毎月書き続けられた編集後記.
世界の哲学・思想の最先端から政治・社会・文化の現状に斬りこむ，旺盛な活動の軌跡.
池上善彦著　四六判 360 頁　定価：2625 円

近代日本の中国認識——徳川期儒学から東亜協同体論まで

徳川初期から「帝国」日本の思想的帰結としての東亜協同体論まで，日中関係の精緻な研究の成果に立って，グローバル時代の日本の課題である「他者理解」の問題を照射する思想史.
松本三之介著　四六判 344 頁　定価：3675 円

〈テロル〉との戦争──9・11 以後の世界

「テロとの戦争」は恐怖を誘発するのみならず，社会を不断の臨戦態勢・非常事態に陥れることであり，グローバル経済秩序の世界を潜在的植民地化しようとする世界戦略である．

西谷修著　四六判 272 頁　定価 :2520 円

国家とはなにか

暴力についての歴史を貫くパースペクティヴから，国家が存在し，活動する固有の原理を〈暴力の運動〉に求め，その運動の展開として国家をとらえた，壮大で画期的な国家論．

萱野稔人著　四六判 296 頁　定価 :2730 円

民主主義の逆説

ロールズ，ハバーマス，ギデンズなどの「合意形成」の政治学を批判的に検討し，シュミット，ヴィトゲンシュタインの哲学による自由と平等の根源的逆説を超える〈抗争の政治〉．

シャンタル・ムフ著　葛西弘隆訳　四六判 232 頁　定価：2625 円

生のあやうさ──哀悼と暴力の政治学

自己充足する今日の世界のなかでむき出しにされた〈生〉．喪，傷つきやすさ，他者への応答責任，〈顔〉など，ジェンダー論の成果をふまえたポストモダン社会の生の条件を示す．

ジュディス・バトラー著　本橋哲也訳　四六判 272 頁　定価 :2625 円

アナーキスト人類学のための断章

アナーキズムそして人類学の実践が明らかにするのは，近代以前の「未開社会」と呼ばれていた世界がより高度な社会的〈プロジェクト〉で構成されているという壮大な事実である．

デヴィッド・グレーバー著　高祖岩三郎訳　四六判 200 頁　定価 :2310 円

魯迅と毛沢東──中国革命とモダニティ

経済的発展と社会的諸矛盾が同居する中国で熱烈に読み直されている二人の思想と実践を軸に革命から改革開放への歴史を辿り，中国独自の近代化の意味と知識人の役割を問う．

丸川哲史著　四六判 320 頁　定価 :2940 円

民主主義は，いま？──不可能な問いへの 8 つの思想的介入

G・アガンベン／A・バディウ／ダニエル・ベンサイード／ウェンディ・ブラウン／ジャン＝リュック・ナンシー／ジャック・ランシエール／クリスティン・ロス／S・ジジェク著

河村一郎・澤里岳史・河合孝昭・太田悠介・平田周訳　四六判 232 頁　定価 :2625 円

功利的理性批判──民主主義・贈与・共同体

〈利益〉中心の経済的モデルに異を唱える社会科学者が〈贈与論〉のモースの名の下に結集し，科学と政治の新たな可能性を切りひらいた．その革新運動の主幹による画期的宣言書．

アラン・カイエ著　藤岡俊博訳　四六判 272 頁　定価 :2940 円

空間のために──遍在化するスラム的世界のなかで

「均質化」の時代が終わり，より過酷な「荒廃化」の時代が始まった今日，いかにして自らの生活世界を取り戻すことができるのか？　気鋭の若手理論家が新時代の思想の創造に挑む．

篠原雅武著　四六判 224 頁　定価：2310 円